宁波工程学院出版基金资助

U0672720

姚丽娜　著

浙江海洋经济发展核心示范区海洋生物产业发展研究

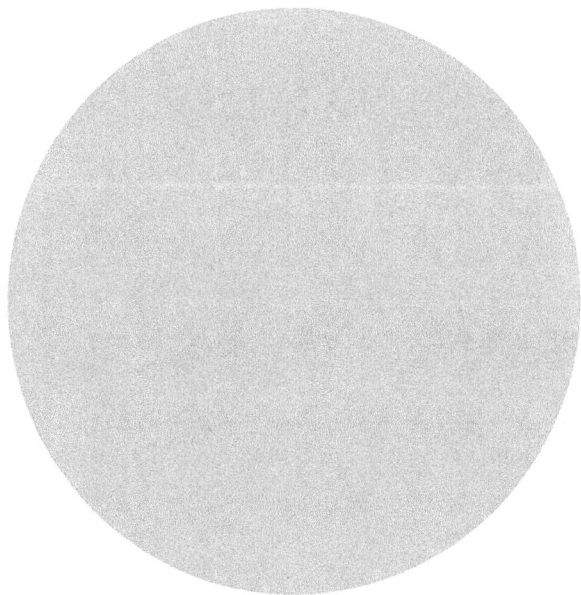

Development of Marine Biological
Industry in the Core Demonstration Area of
Marine Economic Development in Zhejiang

ZHEJIANG UNIVERSITY PRESS
浙江大学出版社

图书在版编目(CIP)数据

浙江海洋经济发展核心示范区海洋生物产业发展研究 /
姚丽娜著. —杭州：浙江大学出版社，2018.1
ISBN 978-7-308-17630-9

Ⅰ.①浙… Ⅱ.①姚… Ⅲ.①海洋生物－生物工程－
产业发展－研究－浙江 Ⅳ.①F426.7

中国版本图书馆 CIP 数据核字(2017)第 274519 号

浙江海洋经济发展核心示范区海洋生物产业发展研究

姚丽娜　著

责任编辑	吴伟伟 weiweiwu@zju.edu.cn
责任校对	杨利军　夏湘娣
封面设计	春天书装
出版发行	浙江大学出版社
	（杭州市天目山路 148 号　邮政编码 310007）
	（网址：http://www.zjupress.com）
排　　版	杭州隆盛图文制作有限公司
印　　刷	虎彩印艺股份有限公司
开　　本	710mm×1000mm　1/16
印　　张	9.5
字　　数	165 千
版 印 次	2018 年 1 月第 1 版　2018 年 1 月第 1 次印刷
书　　号	ISBN 978-7-308-17630-9
定　　价	48.00 元

前　　言

　　海洋是地球资源的宝库,从古至今为人类提供了不可胜数的生产生活资料。据统计,地球上 90％的生物生活在海洋,海洋生物的种类超过 1 亿种,而目前经鉴定和命名的生物不到 2000 万种。海洋环境的特殊性造就了海洋丰富的动植物资源。海洋生物的多样性是研究和开发海洋生物药物和新型海洋生物制品的重要源泉,海洋动植物具有的特殊活性物质成为各种海洋生物产业发展的重要原料来源,为海洋生物产业的发展提供了巨大的资源宝库。随着陆地资源的日渐枯竭,海洋生物资源的开发和高效利用已成为世界海洋大国和强国竞争的焦点。目前全世界海洋生物的开发水平只达到海洋初级生产力的 0.03％,由此可见其巨大的应用价值和潜力。开发利用海洋资源受到各国政府的关注,发展海洋生物产业已形成一股强劲的世界潮流,成为各国解决资源短缺、人口膨胀和环境恶化问题的重要途径。

　　20 世纪 60 年代初,海洋生物产业作为海洋产业中的高新技术产业,凭借着海洋生态系统丰富的基因库资源、天然产物资源以及独特的海洋生物多样性,在海洋生物制药、海洋生物保健食品、海洋生物新材料、海洋生物质能、海洋生物化工等方面显示出广阔的发展前景,具备成为国民经济支柱产业的潜力。进入 21 世纪,生物技术成为最有价值和影响力的技术之一,该项技术的发展和应用推动了世界经济的繁荣与发展。目前许多国家都将生物技术产业置于本国经济发展的优先地位,而作为该产业的一个分支,海洋生物技术更是受到各国政府的重视和青睐。以海洋生物技术为基础,世界各沿海国家的政府纷纷调整海洋发展战略,展开了"蓝色圈地运动",大力促进海洋生物产业的发展。美、日、英、法、俄等国家分别推出包括开发海洋微生物药物在内的"海洋生物技术计划""海洋蓝宝石计划""海洋生物开发计划"等,投入巨资发展海洋生物技术,美国海洋科研投入已占国内生产总值的 3% 以上。

近年来,对海洋生物资源的开发利用也逐步引起了我国各级地方政府的广泛关注。1996 年制定的《中国海洋 21 世纪议程》,就将海洋生物技术列入"863"高新技术研究发展计划。从我国国民经济"十一五"规划开始,海洋生物医药就作为国家重点支持的战略性新兴产业。2010 年,国务院公布加快培育战略性新兴产业的决定,明确将海洋生物列入 7 大重点发展领域。在此基础上,2012 年和 2013 年我国分别发布了《生物产业发展规划》和《国家海洋事业发展"十二五"发展规划》《"十二五"国家战略性新兴产业发展规划》,三项规划明确提出要积极推进海洋生物技术的产业化发展。2012 年,财政部、国家海洋局联合下发的《关于推进海洋经济创新发展区域示范的通知》,更是明确将海洋生物医药、新型海洋生物制品及新型海洋生物材料,列入海洋经济创新发展区域示范重点领域。与此同时,我国"973"计划、"863"计划、国家科技重大专项、国家自然科学基金都对海洋生物技术领域大力支持,这标志着海洋生物技术的战略性地位已经确定。

浙江省作为海洋大省,一直以来都十分重视海洋生物产业的发展,《浙江省战略性新兴产业指导目录》将"海洋药物和海洋食品"列为重点推进的战略性新兴产业。2011 年 2 月,国务院正式批复《浙江海洋经济发展示范区规划》(以下简称《规划》),浙江海洋经济发展示范区建设上升为国家战略。该批复认为,建设好浙江海洋经济发展示范区关系到我国实施海洋发展战略和完善区域发展总体战略的全局。批复要求,《规划》实施要突出科学发展主题和加快转变经济发展方式主线,以深化改革为动力,着力优化海洋经济结构,加强海洋生态文明建设,提高海洋科教支撑能力,创新体制机制,统筹海陆联动发展,推进海洋综合管理,建设综合实力较强、核心竞争力突出、空间配置合理、生态环境良好、体制机制灵活的海洋经济发展示范区,形成我国东部沿海地区重要的经济增长极。

本书的主要研究对象为浙江海洋经济发展核心示范区的海洋生物产业,根据《浙江海洋经济示范区规划》,浙江海洋经济发展核心示范区是指宁波—舟山港海域、海岛及其依托城市,包括舟山市、宁波市及其下属县市。该区域内的海洋生物资源极其丰富,发展海洋生物产业的基础雄厚,《规划》对其发展的功能定位是:我国重要的大宗商品国际物流中心、海洋海岛开发开放改革示范区、现代海洋产业发展示范区、海洋渔业可持续发展示范区、海洋生态文明和清洁能源示范区。

　　本书以国际、国内典型案例为现实依据，通过对海洋生物产业发展规律的研究及浙江海洋经济发展核心示范区内海洋生物产业的发展现状及问题分析，确定浙江省海洋经济发展核心区海洋生物产业发展思路、发展方向，构建海洋生物产业分层培育体系，并围绕海洋生物各个细分行业，如海洋功能食品、海洋生物育种及健康养殖、海洋化妆品、海洋生物制药等，进行可行性研究和发展路径分析，并提出"四镇、六园、三基地"的产业空间布局，为浙江省海洋生物产业和区域经济持续健康发展提供对策与建议。

目　录

第一章 导 论

第一节 研究背景和意义

一、研究背景

21世纪是海洋的世纪,世界各国都非常重视对海洋的开发。作为海洋产业的一个分支,海洋生物产业更是受到各国政府的重视和青睐。2005年,联合国专门设立了海洋事务和海洋法办公室,每年联合国大会都要专门研究海洋事务。在联合国的倡导下,世界各沿海国家纷纷调整海洋发展战略,展开了"蓝色圈地运动",大力促进海洋生物产业发展。美国制定了《21世纪海洋蓝图》和《美国海洋行动计划》,欧盟发表了《欧洲未来海洋政策绿皮书(2006)》,日本推行"海洋立国"战略,俄罗斯出台了《俄罗斯联邦至2020年间的海洋政策》(2001)。2015年,仅就海洋生物医药产业而言,世界范围内其产业规模已达数百亿美元,并且预计今后5年增长率将高达15%~20%[①]。

我国于1996年制定的《中国海洋21世纪议程》,将海洋生物技术纳入国家高技术研究发展计划("863"计划)。2010年,国务院公布了加快培育战

---

① 《世界范围内海洋生物医药产业已达数百亿美元》,中国经济网,http://www.ce.cn/xwzx/gnsz/gdxw/201507/20/t20150720_5978143.shtml;目前关于海洋生物产业的统计资料中,仅有海洋渔业和海洋生物医药的明确数据,暂无法获取整体海洋生物产业的数据。

略性新兴产业的决定,明确将海洋生物列入七大重点发展领域。在此基础上,2012 年和 2013 年我国分别发布了《生物产业发展规划》和《国家海洋事业发展"十二五"发展规划》《"十二五"国家战略性新兴产业发展规划》,三项规划明确提出要积极推进海洋生物技术的产业化发展。2012 年,财政部、国家海洋局联合下发的《关于推进海洋经济创新发展区域示范的通知》,更是明确将海洋生物医药、新型海洋生物制品及新型海洋生物材料列入海洋经济创新发展区域示范重点领域。2016 年 8 月,财政部、国家海洋局又联合印发《中央财政支持开展海洋经济创新发展示范工作的通知》,推动海洋重点产业创新和集聚发展。

浙江省海洋资源丰富,有丰富的港口、渔业、旅游、油气、滩涂、海岛、海洋能等资源,海岸线长度及 500 平方米以上海岛数量均居全国首位。近几年,浙江省利用自身经济基础良好、科研机构较多等社会条件,大力发展海洋生物产业,取得了丰硕的成果。海洋生物企业不断地涌现、海洋人才不断聚集、海洋生物产业化规模不断壮大。但同时,浙江省海洋生物产业也存在结构和布局不合理、技术含量低、科技人员不足以及发展方式粗放等问题,这些问题严重制约了海洋生物产业的发展。浙江省海洋生物产业的发展不但与日、韩、新加坡等国家有一定差距,就是与国内的山东、福建等省相比,差距也比较大。作为浙江省的战略新兴产业,海洋生物产业的发展水平将决定浙江省的经济发展后劲。

2011 年 2 月,浙江海洋经济发展示范区正式启动,其目标是建设综合实力较强、核心竞争力突出、空间配置合理、生态环境良好、体制机制灵活的海洋经济发展示范区,在东部沿海地区形成重要的经济增长极。2017 年 1 月的浙江省《政府工作报告》中强调,要继续深入推进海洋经济发展示范区建设,大力实施创新驱动发展战略。本研究试图通过对浙江省海洋经济发展核心区的海洋生物产业发展现状及问题进行探析,寻找其自身的优势和不足,从发展思路、发展方向及政策措施等方面提出相应的解决对策,以促进浙江省海洋生物产业的健康发展。

二、研究意义

1. 为海洋经济发展示范区的建设提供新的思路。海洋经济发展示范区不仅仅是临港工业、船舶制造和港口物流、海洋生物产业等产业的发展,更是这些产业之间的统筹协调发展。通过对浙江海洋经济发展核心示范区海洋生物产业发展问题及发展思路的研究,可以为浙江海洋经济发展示范区的建设提供新的思路。

2.为浙江省海洋渔业的转型升级提供指导和借鉴。浙江海洋经济发展核心示范区内的宁波—舟山海域,作为我国最著名的渔区,具有发展海洋生物产业的天然优势和产业基础。但目前的产业规模和层次及技术水平均无法与其自然基础相匹配。通过本研究,可以为浙江省海洋渔业的转型升级,为其海洋渔业竞争力的提高提供相应的指导和借鉴。

3.为国家海洋渔业发展战略的实施提供示范。充分体现示范区先行先试的示范效应,以渔业为基础,以海洋生物为突破口,盘活全局,既推进浙江经济发展方式转变,又为全国海洋经济尤其是海洋生物产业的发展探索新的路径,提供示范。

第二节 研究思路、方法及相关概念界定

一、研究思路

本书以浙江海洋经济发展核心示范区内的宁波和舟山及其所属的区县的海洋生物产业为研究对象,通过调查研究,对此区域内的海洋生物产业的自然基础和发展现状进行描述,对该区域发展海洋生物产业的现状及问题等进行分析归纳,借鉴国内外的海洋生物产业发展的经验,提出该核心区的海洋生物发展的路径、思路、布局和相应的政策措施。

二、研究方法

1.文献研究法。通过文献检索,把握浙江海洋经济发展核心示范区、海洋生物、海洋生物产业、海洋生物医药产业等概念,了解海洋生物产业发展的相关理论、国内外海洋生物产业发展的一般路径、国内外海洋生物产业的相关研究机构、海洋生物制造和服务企业、海洋生物产业园区的布局和建设思路等研究成果,为开展研究提供必要的理论依据和方法指导。

2.比较研究法。即通过与国内外海洋生物发达地区进行比较(包括自然资源、发展基础、财政金融等政策制定、人才支持和培养、战略制定、空间布局等),得出适合于浙江海洋经济发展核心示范区海洋生物发展的路径、思路、空间布局及政策支持。

3.调查研究法。通过实地调查和与相关企业、科研院所访谈的形式,详细了解浙江海洋经济发展核心示范区内的海洋生物资源的整体情况及海洋

生物企业的数量、规模、产值、优势产品及代表企业,了解海洋生物产业发展中的问题,并提出研究结论。

三、相关概念界定

(一)浙江海洋经济发展核心示范区

根据 2011 年 2 月国务院批准的《浙江海洋经济示范区规划》,浙江海洋经济示范区指包括浙江全部海域和杭州、宁波、温州、嘉兴、绍兴、舟山、台州等市的市区及沿海县(市)的陆域(含舟山群岛、台州列岛、洞头列岛等岛群),海域面积 26 万平方公里,陆域面积 3.5 万平方公里,其中海岛的陆域总面积约 0.2 万平方公里。本书中的浙江海洋经济发展核心示范区(以下简称浙江海洋经济发展核心区或核心区)是指宁波—舟山港海域、海岛及其依托城市,包括舟山市、宁波市及其下属县市。

(二)海洋生物

海洋生物是指海洋里有生命的物种,包括海洋动物、海洋植物、微生物及病毒等,其中海洋动物包括无脊椎动物和脊椎动物。无脊椎动物包括各种螺类和贝类。脊椎动物包括各种鱼类和大型海洋动物。

(三)海洋生物产业

海洋生物产业是指以海洋生态系统和存在其中的生物资源(包括群体、个体、细胞和基因)为基础,利用生物工程、酶工程、细胞工程、发酵工程、基因工程和蛋白质工程等现代生物技术手段支撑和催生的产业群体。海洋生物产业作为一个高新技术产业,具有高附加值、高技术含量的特点。海洋生物产业主要包括海洋药物、海洋功能食品和化妆品、海洋生物新材料、海洋生物酶等技术附加值比较高的产业(见专栏 1)。从广义角度看,它还包括水产种苗培育、海水增养殖业、远洋捕捞业及与其相关的生命健康等产业。

专栏 1　主要海洋生物产业

1. 保健食品产业

球藻、螺旋藻已被列为最好的植物蛋白源之一,由于微藻的养殖较少依赖气候条件,不与传统农业争夺土地,所以成为解决人类饥饿和营养不良等迫切问题的有效途径。它们被投入保健食品市场,成为新型的保健品;也被作为营养强化剂添加到面包、挂面、麦片粥、速溶饮料、饼干等食品中。

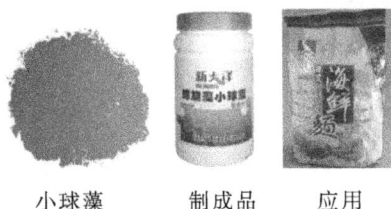

小球藻   制成品   应用

2. 化妆品及精细化工产业

自微藻中可提取胡萝卜素、叶绿素、叶黄素、藻蓝素等物质,添加了小球藻提取物的化妆品有激活细胞的作用,提取的胡萝卜素可制成防晒霜。

3. 动物饲料产业

许多实验表明:添加微藻的饲料提高了鸡、猪、牛、羊等动物的生存率、产仔率,增加了动物产量,改善了鱼肉的色泽。所以,海洋天然有机物资源的开发,可以为现代农业的发展带来光明的前景,也是海洋经济产业的重要补充。

4. 海洋药物产业

世界上关于海洋药物的研究始于 20 世纪 50 年代末 60 年代初。美国是最早开展海洋生物活性物质研究的国家,并于 1967 年提出"向海洋要药物"的口号。随后各国学者相继开展了海洋生物抗肿瘤、抗病毒、抗真菌、抗心脑血管病、抗艾滋病等活性成分的研究。在过去的几十年间,6000 多种海洋天然产物被发现,其中有重要生物活性并已申请专利的新化合物有 200 多种。

(四)海洋生物医药产业

自 2007 年 5 月 1 日起实施的《海洋及相关产业分类》中明确规定:海洋生物医药业是指以海洋生物为原料或提取有效成分,进行海洋药品与海洋保健品的生产加工及制造活动的产业。包括海洋药品制造和海洋保健品制造。其中海洋药品制造包括海洋生物药品制造、海洋化学药品制剂制造、海洋中药饮片加工、海洋中成药制造;海洋保健品制造(包括海洋保健营养品制造、其他海洋保健品制造)。也就是说,海洋生物医药产业是指通过生物技术从海洋生物中提取具有利用价值的有效成分来生产生物化学药品、保健品和基因工程药物的生产活动。

第二章　海洋生物产业发展相关理论基础

第一节　产业布局理论

一、产业布局理论的概念

产业布局是指产业在一国或一地区范围内的空间分布和组合的经济现象。产业布局的概念可以从静态和动态两个方面来理解,静态上是指产业的分布态势和地域上的组合,动态上是指产业在空间地域间的流动、转移或重新组合的配置与再配置过程,目的是谋求选择最佳区位。产业布局层次、产业布局机制和区域产业结构是产业布局的主要内容。产业布局的内容可以从全国性或地方性、市场或计划、产业联系或产业比例等角度来理解。产业布局的影响因素有:原材料、市场和运输、劳动力、外部规模经济性、政府职能与政府干预。

二、产业布局理论的形成

产业布局理论形成于 19 世纪初至 20 世纪中叶。1826 年,德国经济学家杜能提出了著名的孤立国同农业圈层理论①。他认为:在农业布局上,并不是哪个地方适合种什么就种什么,在这方面起决定作用的是级差地租,首

---

① ［德］约翰·冯·杜能.孤立国同农业和国民经济的关系.吴衡康译.北京:商务印书馆,2011.

先是特定农场(或地域)距离城市(农产品消费市场)的远近,亦即集中化程度与中心城市的距离成反比。为此,他设计了孤立国六层农业圈。尽管杜能的理论忽视了农业生产的自然条件,也没有研究其他产业的布局,但他的农业区位理论给西方许多理论研究者以深刻的启发,他也因此被誉为产业布局理论的鼻祖。之后,阿尔弗雷德·韦伯提出了工业区位理论[①],认为对工业布局起决定性作用是运输费,产业布局理论在此基础上形成。第二次世界大战后,产业布局理论发展出了成本学派、市场学派和成本—市场学派等理论。

三、产业布局的影响因素

(一)原材料、市场和运输

对于使用大量原材料的制造产业来说,将此类产业建于原材料产地附近会大大降低运输成本。在生产制造过程中,最终产品的重量、体积将大大增加,或在产品易变质的情况下,将该类产业建在消费市场附近就比较有利。如今,随着原材料处理、运输方式的改进,以及制造业的构成由重工业转向高附加值工业,原材料的运输方式及成本不再是产业布局中非常重要的因素,相反,接近消费市场日益重要。

(二)劳动力

劳动力因素对产业布局的影响包括两个方面:劳动力成本和劳动力质量。不同地区间的劳动力成本往往差异很大,这与当地的经济发展水平,生活费用要求,社会保障健全与否及工业化水平等都有关系。雇佣劳动力的难易程度也是产业布局中需要考虑的因素。一般来说,在城市有大量的劳动力储蓄,雇佣成本相对较低;反之,在劳动力匮乏的地区,企业可能会有劳动力不足的问题。

地区拥有大量劳动力是吸引某些企业(劳动密集型)选址于该地区的重要因素,然而要素质量上的差异,如劳动者的技能、工作态度和道德水平都很可能会抵消这种优势。研究发现,由于发展中国家地区间(特别是主要城市与其他地区间)要素质量上存在差异,厂商在选址时,往往首先从中心城市逐渐移到邻近地区。

(三)外部规模经济性

城市化规模经济性指企业由于建立在大城市(而非中小型城市)而获得

---

① [德]阿尔弗雷德·韦伯.工业区位论.李刚剑,等译.北京:商务印书馆,1997.

有利于经营的因素,如更接近市场和消费者,运输成本低,较大的劳动力储蓄,接触多种商业服务。本地化规模性指与其他同类或相关行业的厂商集中于同一区域经济而带来的好处,如利用已形成的某种产品的市场,拥有高度产业化的劳动力队伍,利用区内高度专业化的销售、研发及劳动力培训服务,形成地区的专业化分工,存在大量的主要专业性厂商进行配套服务。

（四）政府职能与政府干预

政府为刺激特定区域的经济发展（以某种激励或补贴形式）,自上而下制定实施的政策。包括贸易政策与关税政策、国际政策。由于各地方政策对于吸引投资,开发本地经济的意愿、方法存在不同,这种差异实际上造成了空间布局政策的效果。

四、产业布局的原则

（一）全局原则

产业布局的目标是使产业分布合理化,实现国家整体综合利益的最优,而不是局部地区利益的最优,因此一个国家的产业布局必须统筹兼顾,全面考虑。一方面,国家必须根据各地区的不同条件,通过分析和比较,确定各地区的专业化方向,明确各地区在全国经济中的角色和地位;另一方面,国家根据经济发展状况,在不同时期确定若干重点发展的地区。

（二）分工协作、因地制宜原则

社会化大生产要求劳动必须在广阔地域上进行分工和协作。各地区要根据自己的特点形成专门化的产业部门,形成规模优势。当然,各地区的产业布局在重点布局专门化生产部门的基础上,还要围绕专门化生产部门布局一些相关的辅助性产业部门和生活配套服务部门,以形成合理的地区产业结构,只有这样才能保证专业化生产部门的良好运行。随着部门分工的深化,地区生产专门化的提高,地区之间的协作自然也就越发重要,因此在进行产业布局的时候必须考虑到地区间的协作条件。同时,在确定地区专门化生产部门时,应该从各地区实际情况出发,充分发挥地区优势。

（三）效率优先、协调发展原则

产业的空间发展过程总是先在某一地域聚集,然后再向其他地域扩散。在发展的低级阶段,经济一般表现出集中发展的极核发展形态;在发展的高级阶段,经济一般表现出缩小地区间经济发展差距的全面发展形态。一个国家在进行产业布局时应该以产业空间发展的自然规律为基础。因此,当经济水平处于低级阶段时,其产业布局应该考虑优先发展某些具有自然、经济和社会条件优势的地区;而当经济发展到高级阶段时,其布局应考虑重点发展那些经济落后的地区,缩小地区间的经济差距。任何时候效率和协调都是产业布局所必须考虑的问题,他们是一个问题的两个方面,其目的都是为了保证一个国家整体的持续稳定的发展,只不过在不同时期重点有所不同而已。

（四）可持续发展原则

人类生存和发展所依赖的环境的承载能力是有限的,自然资源也是有限的,其中许多资源都是不可再生的。人类的生活和生产不可避免地要从自然攫取资源,不可避免地向自然界排放废物,从而对自然生态环境造成损害。虽然自然环境有一定的自我恢复能力,但其所受的损害必须控制在一定限度内,否则就无法自我恢复。另外人工对自然生态进行恢复所耗费的成本将是巨大的,可能远远大于人类生产所获得的收益。所以在进行产业布局时必须注意节约资源和保护环境,防止资源的过度开发和对环境的过度破坏。要注意资源的充分利用和再生,注意发展相关的环保产业。

五、产业布局模式

（一）增长极布局模式

增长极理论是法国经济学家佩鲁提出的,其思想是:一国经济增长过程中,不同产业的增长速度不同,其中增长较快的是主导产业和创新企业,这些产业和企业一般都是在某些特定区域或城市集聚,优先发展,然后对其周围地区进行扩散,形成强大的辐射作用,带动周边地区的发展。这种集聚了主导产业和创新企业的区域和城市就被称之为"增长极"[1]。

（二）点轴布局模式

点轴布局模式是增长极布局模式的延伸。从产业发展的空间过程来看,产业总是首先集中在少数条件较好的城市发展,呈点状分布。这种产业点,就是区域增长极,也就是点轴开发模式中的点。随着经济的发展,产业点逐渐增多,由于生产要素流动的需要,需要建立各种流动管道将点和点相互连接起来,因此各种管道,包括各种交通道路,动力供应线、水源供应线等就发展起来,这就是轴。这种轴线,虽然其主要目的是为产业点服务的,但

---

① ［法］弗朗索瓦·佩鲁.新发展观.张宁,丰子义译.北京:华夏出版社,1987.

是轴线一经形成,其两侧地区的生产和生活条件就会得到改善,从而吸引其周边地区的人口、产业向轴线两侧集聚,并产生出新的产业(工业)点。点轴贯通,就形成了点轴系统。实际上,中心城市与其吸引范围内的次级城市之间相互影响、相互作用,已经形成了一个有机的城市系统,这一系统已经有效地带动着区域经济的发展。

(三)网络(或块状)布局模式

网络布局是点轴布局模式的延伸。一个现代化的经济区域,其空间结构必须同时具备三大要素:一是"节点",即各级各类城镇;二是"域面",即节点的吸引范围;三是"网络",即商品、资金、技术、信息、劳动力等各种生产要素的流动网。网络式开发,就是强化并延伸已有的点轴系统。通过增强和深化本区域的网络系统,提高区域内各节点间、各域面间,特别是节点与域面之间生产要素交流的广度和密度,使"点""线""面"组成一个有机的整体,从而使整个区域得到有效的开发,使本区域经济向一体化方向发展。同时通过网络的向外延伸,加强与区域外其他区域经济网络的联系,并将本区域的经济技术优势向四周区域扩散,从而在更大的空间范围内调动更多的生产要素进行优化组合。这是一种比较完备的区域开发模式,它标志着区域经济开始走向成熟阶段。

(四)地域生产综合体开发模式

地域生产综合体开发模式的理论基础是苏联学者科洛索夫斯基的生产循环理论。该理论认为:生产都是在某种原料和燃料动力资源相互结合的基础上发展起来的;每个循环都包括过程的全部综合,即从原料的采选到获得某种成品的全过程;某个产品之所以能在某个地域生产,是因为拥有原料和燃料动力来源并能够对它们进行合理利用。也就是说,该理论认为生产是按照生产工艺的"链"所组成的稳定的、反复进行的生产体系进行的。科洛索夫斯基将地域生产综合体定义为"在一个工业点或一个完整的地区内,根据地区的自然条件、运输和经济地理位置,恰当地安置各个企业,从而获得特定的经济效果的一种各企业间的经济结合体"。

(五)区域梯度开发与转移模式

梯度推移理论认为,由于经济技术的发展是不平衡的,不同地区客观上存在经济技术发展水平的差异,即经济技术梯度,而产业的空间发展规律是从高梯度地区向低梯度地区推移。所以在进行产业开发时,要从各区域的现实梯度布局出发,优先发展高梯度地区,让有条件的高梯度地区优先发展新技术、新产品和新产业,然后再逐步从高梯度地区向中梯度和低梯度地区推移,从而逐步实现经济发展的相对均衡。

六、产业布局与产业结构的关系

产业布局对产业结构的影响主要表现在以下几个方面。

(一)产业布局直接影响产业结构的布局

产业布局重点要考察其生产力的分布状况,而生产力各要素的分布在一定时期内是相对固定的。例如,我国人口流动幅度不是太大,劳动力相对固定于某些地区,自然资源固定于特定的地域;生产资料虽然有部分随机可转移性,但现实生产力不允许其盲目脱离其他生产要素而独立生存。这就要求各地在产业布局时要结合自己的实际情况进行资源配置,而不能盲目为实现某些目标而不顾当地条件去搞“无米之炊”的产业。这也就要求产业结构的管理在确定发展什么、如何发展时应根据自然资源的自然特性和经济特性,因地制宜地组织生产。

(二)产业布局会影响产业结构水平

不同的生产力水平,产业部门会形成不同的结构水平。以农业为例,在生产力水平很低的情况下,人们最基本的生活需求都难以得到保障,食物生产成为国民经济发展的主要制约因素。相应地农业生产以食用产品的生产作为主要的甚至是占绝对垄断地位的生产部门,其他部门或者不存在,或者处于次要地位,形成了单一的农业生产结构。随着生产力的发展,劳动生产力不断提高,食用农产品除了用于人们的基本生活需要外,有了大量剩余,畜牧业、渔业、林业等部门逐步得到发展,形成了一个部门多样化的农业生产结构。

(三)产业结构高度化的层次

产业结构的高度化表现为资源在各产业间的分配比例,生产成果在各产业间的配置比例等方面。这些比例配置得越合理,产业结构的水平也较高。如在我国沿海地区,生产力水平较高,产业也明显地具有相对的高层次结构水平;反之,生产力水平较低的西部地区,产业结构不可能达到普遍的高水平。如果通过行政方式,硬性将某些产业投向低生产力水平的地区,那就会受到产业生产不配套和生产方式落后的阻碍,造成严重经济损失。但是,我们并不排除在低生产力水平地区搞个别的高技术产业或主导产业作为先行产业,逐步带动全地区各行业的发展。

（四）产业布局影响产业结构的发展趋势

由于各地区的自然资源、气候条件、技术水平等因素的影响，各地区各部门经济发展出现不平衡的状态。为了发挥地区经济的优势，充分合理地利用各地的资源，产业的发展应有的放矢。如有的地区资源富足，那就适宜发展资源开发型产业；有的地方交通便利，发展以外贸为主体的产业更加有利可图；而对那些工业基础和人口素质较高的地方，可着力发展高附加值和高技术的产业。

通过分析产业布局的内容、影响因素、原则和模式等，可以对浙江省海洋生物产业的区域空间布局进行科学分析，有利于浙江海洋经济发展核心区的海洋生物产业发展，为浙江省海洋生物产业的发展提供理论支持。

第二节　产业集群理论

一、产业集群的概念

最早对集群进行研究的是英国的亚当·斯密（Adam Smith），他在1776年出版的《国民财富的性质和原因的研究》（又名《国富论》）一书中对分工与市场范围关系的论述被看作是对集群形成原因的最早解释。他认为，集群是由一群具有分工性质的中小企业为了完成某种产品的生产联合而形成的群体。他主要从分工的角度来定义集群，对后来产业集群的研究影响很大。1990年美国学者迈克尔·波特（Michael Porter）在《国家竞争优势》一书中提出产业集群（industrial cluster）的概念，并用产业集群的方法分析一个国家或地区的竞争优势，从此，产业集群的概念得到学术界的普遍认同。迈克尔·波特将产业集群定义为：处于同一个特定产业领域的、相互联系的公司和相关组织在地理上集中的现象。在特定区域中，具有竞争与合作关系，且在地理上集中，有交互关联性的企业、专业化供应商、服务供应商、金融机构、相关产业的厂商及其他相关机构等组成的群体。集群是特定产业中互有联系的公司或机构聚集在特定地理位置的一种现象。集群包括一连串上、中、下游产业以及其他企业或机构，这些产业、企业或者机构对于企业竞争都很重要。不同的产业集群的纵深程度和复杂程度也各不相同。

综合来看，产业聚集是指在产业的发展过程中，处在一个特定领域内相关的企业或机构，由于相互之间的共性和互补性等特征而紧密联系在一起，形成一组在地理上集中的相互联系、相互支撑的产业群的现象。这些产业基本上处在同一条产业链上,彼此之间是一种既竞争又合作的关系,呈现横向扩展或纵向延伸的专业化分工格局,通过相互之间的溢出效应,使得技术、信息、人才、政策以及相关产业要素等资源得到充分共享,聚集于该区域的企业因此而获得规模经济效益,进而大大提高了整个产业群的竞争力。

二、国外产业集群理论的主要学派

在不同的时期对产业集群研究的重点是不一样的,因此就产生了不同的学派,其中比较典型的有以下 4 种。

(一)马歇尔的集聚理论

新古典经济学代表人物阿尔弗雷德·马歇尔(Alfred Marshall)继承了亚当·斯密对劳动分工的开创性分析,第一个比较系统地研究产业集群现象。马歇尔从新古典经济学的角度,通过研究工业组织,间接表明了企业为追求外部规模经济而集聚。马歇尔把经济规模划分为两类:第一类是产业发展的规模,这和专业的地区性集中有很大关系,这一类的经济规模称为外部规模经济;第二类则取决于从事工业的单个企业和资源,它们的组织以及管理的效率,这一类的经济规模称为内部规模经济。外部规模经济是指企业利用地理接近性,通过规模经济使企业生产成本处于或接近最低状态,使无法获得内部规模经济的单个企业通过外部合作获得规模经济。马歇尔认为产业集群是由外部规模经济所致。企业在特定地区形成集群之后,有利于新知识、新技术、新创意在企业之间传播和应用,这样就营造了一种协同创新的环境,知识信息的扩散是创新不断发展的源泉,不断地创新促进这些产业集聚区的经济持续增长,也激励着相关产业的新企业加盟。产业集群提供了一个专业技术工人共享的劳动市场,产业区内集聚了许多潜在的劳动力供应和潜在的劳动力需求。企业家往往愿意到有他们所需要的有专门技能的工人的地方去办厂;同时,相关技术工人也愿意到需要像他们所拥有的那样技能的地方去找工作。产业集群提供共享的中间投入品,还可以支持该产业专用的多种类、低成本的投入品的生产。

(二)科斯交易费用理论

罗纳德·科斯(Ronald Coase)在 1937 年发表的《企业的性质》一文中认为,企业是作为市场的替代物而产生的,并通过形成一个组织来管理资源,可以节约市场运行成本。他进一步认为,在企业外部靠市场价格机制协调控制生产,在企业内部,由于交易被取消,市场交易的复杂过程和结构将由企业内部的管理者来代替控制生产,这些都是协调生产过程的不同方式,本质上是一样的。科斯运用交易费用理论较好地解释了产业聚集的成因。他认为,由于产业集群内企业众多,可以增加交易频率,降低区位成本,使交易的空间范围和交易对象相对稳定,这些均有助于减少企业的交易费用;同时聚集区内企业的地理接近,有利于提高信息的对称性,克服交易中的机会主义行为,并节省企业搜寻市场信息的时间和成本,大大降低交易费用。在科斯的研究之后,威廉姆森(Williamson)等经济学家进一步对交易费用理论进行了发展和完善。威廉姆森将交易费用分为事前的交易费用和事后的交易费用。他认为,事前的交易费用是指由于将来的情况不确定,需要事先规定交易各方的权利、责任和义务,在明确这些权利、责任和义务的过程中就要花费成本和代价,而这种成本和代价与交易各方的产权结构的明晰度有关;事后的交易费用是指交易发生以后所产生的成本。按照科斯和威廉姆森的观点,从交易的角度来看,市场和企业只不过是两种可选择的交易形式和经济组织形式,他们之间不存在本质区别,他们之间还存在着多种其他中间组织形式。产业集群就是处于市场和企业之间的一种中间组织形式。

(三)波特产业集群理论

20世纪80年代以来,新的产业集聚原理对经济发展的重大意义得到了国际上学界、商界和政界的空前重视。用产业集群一词对集群现象的分析,首先出现在迈克尔·波特1990年出版的《国家竞争优势》一书中。波特把产业集群理论推向了新的高峰,他从组织变革、价值链、经济效率和柔性方面所创造的竞争优势角度重新审视产业集群的形成机理和价值。他认为,国家只是企业的外在环境,政府的目标是为国内企业创造一个适宜的环境。因而,评价一个国家产业竞争力的关键是该国能否有效地形成竞争性环境和创新。在竞争优势理论中,波特强调各个要素发挥作用时,是一个动态系统性机制的变化。国内竞争压力和地理集中使得整个"钻石"构架成为一个系统。波特强调,"钻石模型"是一个动态的系统,只有在每一个要素都积极参与的条件下,才能创造出企业发展的环境,进而促进企业投资和创新,因此,地理集中是必要条件。地理集中造成的竞争压力可以提高国内其他竞争者的创新能力,但更为重要的是地理集中而形成的产业集群将使四个基本要素整合成一个整体,从而更容易相互作用和协调提高,形成产业国家竞争优势。波特在其竞争优势理论中指出,国家竞争优势的获得,关键在于产业的竞争,而产业的发展往往是在国内几个区域内形成有竞争力的产业集群。

(四)克鲁格曼新经济地理学理论

20世纪90年代以来,保罗·克鲁格曼(Paul Krugman)通过新经济地理学理论对产业集聚的产生做了解释。他以规模报酬递增、不完全竞争的市场结构为假设前提,在迪克西特—斯蒂格利茨(Dixit-Stiglitz,简称D-S模型)垄断竞争模型的基础上,认为产业集聚是由企业的规模报酬递增、运输成本和生产要素移动等通过市场传导的相互作用而产生的。新经济地理学最重要的基石和假定是任何制造业产品都具有运输成本。这一运输成本是广义的,它包括看得见的运输网络形成的有形运输成本,也包括地方保护引起的非关税贸易壁垒等。克鲁格曼在借鉴了张伯伦的垄断竞争思想和迪克西特—斯蒂格利茨模型(D-S模型)之后,形成了规模报酬与贸易理论。新经济地理学的产业集群模型从理论上证明了制造业活动倾向于空间集聚的一般性趋势,并阐明由于外在环境的限制,如贸易保护、地理分割等原因,产业区集聚的空间格局可以是多样的,特殊的历史事件将会在产业区形成的过程中产生巨大的影响力。

从西方有关产业集群理论看,马歇尔的外部经济理论主要从规模经济的角度来探讨集群带来经济上的好处,具有一定的现实意义,但应当考虑到经济及技术发展水平对集群的影响,因此其仍有一定的局限性。科斯则从交易费用方面讨论产业集群得到的成本节约,进而增加效益,提高效率。而波特从竞争力角度分析了产业集群各要素的重要性。他的主要贡献在于钻石模型,他认为,产业集群的形成和发展不仅仅依靠企业的力量,还要靠政府以及机会。克鲁格曼从区域经济方面来探讨产业集群的成本节约,在工业化时代,资源、产品的流动性较大,有较高的理论价值,但在当今信息化时代这种成本的节约远不如从前。以上理论是西方在不同发展阶段出现的,我国目前所处的阶段和上述背景有些相似,因此有些理论对我国产业集群的理论发展和实践有一定借鉴意义。

三、产业集聚的作用

产业集聚对企业、产业、地区、国家的竞争优势的形成和经济的发展都可产生巨大的促进作用:

首先,产业集聚不仅能够扩大相关产业的规模,而且有利于扩大相应企业的规模,产业集聚的过程也是所在地相关企业和产业规模扩大的过程,可以给相关企业和产业带来规模收益。

其次,产业集聚不仅使许多特定产业的企业和相关机构集中在一起,而且使若干相关产业也集聚在一地,可以更好地满足集群内企业和产业对专业性技术、人才、劳动力、机械设备、零部件等多种要素和各种服务的需求,多方面降低生产经营成本,提高经济效益,实现收益递增。

再次,产业集聚在特定地区聚集更多企业、机构和相关产业,能够更好地实行地区专业化分工协作,延长产业链,形成新的产业,带来规模经济效益和外部经济效益,促进地区经济发展。

最后,产业集聚使相关产业的许多企业、研究机构、技术和管理人才、劳动力聚集在特定地区,能够促进相互学习和交流信息、知识、技术,更有效地传播、普及新技术,扩散生产和管理经验,还会产生示范、模仿、刺激效应,启发、激励和推动产品、技术和制度创新;另外,产业集聚还可以促进产业在产品、技术、组织、制度等方面的创新,提高集聚地企业、产业和地区竞争力,带动集聚地和周围经济发展,实现资源的有效利用。

因此,各沿海省市设立海洋产业(包括海洋生物产业)集聚区的做法是有理论基础的,其作用也是值得肯定的。

第三节　技术创新理论

一、技术创新理论的产生

技术创新理论是美籍奥地利经济学家熊彼特提出的[①]。熊彼特认为,创新就是把生产要素和生产条件的新组合引入生产体系,即建立一种新的生产函数。他把创新活动归结为五种形式:

(1)生产新产品或提供一种产品的新质量;

(2)采用一种新的生产方法、新技术或新工艺;

(3)开拓新市场;

(4)获得一种原材料或半成品的新的供给来源;

(5)实行新的企业组织方式或管理方法。

熊彼特之后,经济学家在发展创新理论的过程中把创新区分为技术创新和制度创新。技术创新是指人类通过新技术改善经济福利的商业行为。技术创新不是纯技术概念,而是一个经济学范畴。熊彼特认为,创新就是发

---

① 〔美〕熊彼特.经济发展理论.王永胜译.上海:立信会计出版社,2017.

明创造的第一次商品化。

熊彼特特别强调企业家在经济活动中的主导地位。他把企业家定义为具有创新才能的人。企业家是创新活动的人格化,没有企业家,创新也就无从谈起。企业家的创新行为把科学家的发展创造成果引入经济活动中,一般情况下,创新可以降低成本或提高产品质量,从而使实行创新的厂商在竞争中占据优势,获得超额利润。超额利润的引诱会促使其他企业纷纷模仿,创新及模仿浪潮必然促进整个经济的增长和发展。也就是说,熊彼特把技术创新作为一个转换媒介,把科学技术与经济增长和发展联系了起来。

进入 21 世纪,在信息技术推动下,知识社会的形成及其对技术创新的影响进一步被认识,科学界进一步反思对技术创新的认识。宋刚等(2008)[①]认为技术创新是各创新主体、创新要素复杂交互作用下的一种复杂涌现现象,是技术进步与应用创新的"双螺旋结构"共同演进的产物。信息通信技术的融合与发展推动了社会形态的变革,催生了知识社会,使得传统的实验室边界逐步"融化",进一步推动了科技创新模式的嬗变。要完善科技创新体系,急需构建以用户为中心、以需求为驱动、以社会实践为舞台的共同创新、开放创新的应用创新平台,通过创新双螺旋结构的互动形成良好的创新生态,打造用户参与的创新 2.0 模式。

二、技术创新的决定因素

根据技术创新理论的代表人物莫尔顿·卡曼和南赛·施瓦茨的研究,决定技术创新的因素有三个。

(一)竞争程度

竞争引起技术创新的必要性。竞争是一种优胜劣汰的机制,技术创新可以给企业带来降低成本、提高产品质量和经济效益的好处,帮助企业在竞争中占据优势。因此,每个企业只有不断进行技术创新,才能在竞争中击败对手,保存和发展自己,获得更大的超额利润。

(二)企业规模

企业规模的大小从两方面影响技术创新的能力。因为技术创新需要一定的人力、物力和财力,并承担一定的风险,所以企业规模越大,这种能力越强。同时,企业规模的大小影响技术创新所开辟的市场前景的大小,一个企业规模越大,它在技术上的创新所开辟的市场也就越大。

---

① 宋刚,唐蔷,陈锐,等.复杂性科学视野下的科技创新.科学与社会,2008(2):28—33.

(三)垄断力量

垄断力量影响技术创新的持久性。垄断程度越高,垄断企业对市场的控制力就越强,别的企业难以进入该行业,也就无法模仿垄断企业的技术创新,垄断厂商技术创新得到的超额利润就越能持久。他们认为,"中等程度的竞争"即垄断竞争下的市场结构最有利于技术创新。在这种市场结构中,技术创新又可分为两类:一是垄断前景推动的技术创新,指企业由于预计能获得垄断利润而采取的技术创新;二是竞争前景推动的技术创新,指企业由于担心自己目前的产品可能在竞争对手模仿或创新的条件下丧失利润而采取的技术创新。

技术创新主要以企业活动为基础,企业的创新活动需要有一定的动力和机制。在市场经济条件下,作为自主经营、自负盈亏的经济主体,企业之间存在着竞争,要生存和发展,就必须争取市场,否则就会在竞争中被淘汰。要扩大市场,就必须在成本、产品质量、价格上占优势,这就迫使企业必须进行技术创新。企业在市场竞争中求生存和发展,这是促进企业技术创新的必要条件。技术创新也需要有良好的宏观环境。企业进行技术创新的主要动力是获取高额利润,只有当对经济前景有乐观的预期时,企业才愿意进行技术创新,这就要求宏观经济能稳定增长。政府的主要经济职能就是稳定经济,减少经济波动。完善的社会保障制度是企业进行技术创新的后盾,否则,技术创新的风险会使一些企业难以承受。国家还应从财政、信贷、公共投资等方面保证技术创新的资金供应。

三、技术创新的过程

对技术创新过程的认识和划分,目前国内外学者从不同的角度形成不同的看法,既然技术创新是一个新产品或新工艺的第一次商业运用,那么技术创新过程也必然是一个从新的产品或工艺创意到真正商业化的过程。结合我国企业技术创新运行过程的实际情况,可以把技术创新过程划分为以下六个阶段。

(一)创意思想的形成阶段

创意的形成主要表现在创新思想的来源和创新思想形成环境两个方面。创意思想可能来自科学家或从事某项技术活动的工程师的推测或发现,也可能来自市场营销人员或用户对环境或市场的感受,但是这些创意要变成创新还需要很长时间。人造纤维从创意到创新大约用了 200 年,计算机用了 100 年,而航天飞机更长。创新思想的形成环境主要包括市场环境、宏观政策环境、经济环境、社会人文环境、政治法律环境等。

(二)研究开发阶段

研究开发阶段的基本任务是创造新技术,一般由科学研究(基础研究、应用研究)和技术开发组成。企业从事研究开发活动的目的是很实际的,那就是开发可能实现实际应用的新技术,即根据本企业的技术、经济和市场需要,敏感地捕捉各种技术机会和市场机会,探索应用的可能性,并把这种可能性变为现实性。研制出可供利用的新产品和新工艺是研究开发的基本内容。研究开发阶段是根据技术、商业、组织等方面的可能条件对创新构思阶段的计划进行检查和修正。有些企业也可能根据自身的情况购买技术或专利,从而跳过这个阶段。

(三)中试阶段

中试阶段的主要任务是完成从技术开发到试生产的全部技术问题,以满足生产需要。小型试验在不同规模上考验技术设计和工艺设计的可行性,解决生产中可能出现的技术和工艺问题,是技术创新过程不可缺少的阶段。

(四)批量生产阶段

按商业化规模要求把中试阶段的成果变为现实的生产力,产生出新产品或新工艺,并解决大量的生产组织管理和技术工艺问题。

(五)市场营销阶段

技术创新成果的实现程度取决于市场的接受程度。本阶段的任务是实现新技术所形成的价值与使用价值,包括试销和正式营销两个阶段。试销具有探索性质,探索市场的可能接受程度,进一步考验技术的完善程度,并反馈到以上各个阶段,予以不断改进与完善。市场营销阶段实现了技术创新所追求的经济效益,完成技术创新过程中质的飞跃。

(六)创新技术扩散阶段

在这一阶段创新技术被赋予新的用途,进入新的市场,如雷达设备用于机动车测速,微波技术用于微波炉的制造。

在实际的创新过程中,各阶段的划分不一定十分明确,各个阶段的创新活动也不仅仅是按线性序列递进的,有时存在着过程的多重循环与反馈以及多种活动的交叉和并行。下一阶段的问题会反馈到上一阶段以求解决,上一阶段的活动也会从下一阶段所提出的问题及其解决中得到推动、深入和发展。各阶段相互区别又相互联结和促进,形成技术创新的统一过程。

四、技术创新理论的意义

1.灵活的机制是经济发展的强大推动力。具体的变革因素根本不是创新理论所关心的,创新理论所关心的是这些因素起作用的方法,是变革的机制,变革机制的承担者是企业家。

2.具有自我组织创新的激励功能是市场机制的特征。一般而言,风险是技术创新的本质特征,不确定性与高额报酬同时存在,实现创新的根本保证是良好的激励机制和运行机制。所以,提高发展中国家的创新水平和创新效率需要维护市场秩序、健全市场机制。

3.技术创新持久的根本动力是有效需求的创造。企业要使自己的创新有利可图,就需要把握住市场的需求;国家引导企业积极有效地组织创新的手段是适当控制市场需求。

4.企业家及其创新行为对经济的发展具有重要的作用。推动创新发展、促进社会进步的先决条件是企业家群体的存在。

没有先进的海洋生物技术,海洋生物产业就无法获得快速健康的发展。深入了解技术创新的过程和决定因素,有助于更好地实现海洋生物技术的创新,解决海洋生物产业存在的问题,加速其发展。

第三章　国内外海洋生物产业发展现状及经验借鉴

第一节　国外海洋生物产业发展现状及经验借鉴

一、国外海洋生物产业发展现状

自 20 世纪 60 年代初开始,海洋生物资源便成为世界各国关注的热点,海洋药物、海洋生物制品等的研发引起了世界各国的关注。进入 20 世纪 90 年代,许多沿海国家纷纷将海洋生物资源开发置于国家战略层面加以考察,主要发达国家和新兴经济体纷纷对发展海洋生物产业做出部署,海洋生物资源的高效、深层次开发利用,尤其是海洋药物和海洋生物制品的研究与产业化已成为当今发达国家竞争最激烈的领域之一。其中,美国的"海洋生物技术计划"、日本的"海洋蓝宝石计划"以及英国的"海洋生物开发计划"、欧盟"Phama Sea"计划等均表明,海洋生物资源开发已被世界诸多国家列为构建战略性新兴产业的重点。并且美国、日本、德国、加拿大等发达国家在全球收集、筛选优质海洋生物资源,建立资源养殖基地,以抢占未来科技竞争制高点。

海洋生态环境的特殊性造就了海洋丰富的动植物资源和生物多样性。海洋动植物具有的特殊的生物活性物质成为各种海洋生物产业发展的重要原料来源,如海洋生物制药、海洋化妆品、海洋保健食品及海洋化工等。随着海洋生物技术产品的不断出现和应用,其社会经济价值正逐步显现,其巨大的发展潜力和良好的应用前景,引起世界各国政府、企业界和金融界的广泛关注和支持。

由于海洋具有与陆地截然不同的物质环境和生态属性,造成海洋生物产业不仅在技术上具有很大的挑战性,而且在经济贡献方面也具有相当的潜力。海洋生物产业是运用现代生物学、化学和工程学的手段,利用海洋生物体,生命系统和生命过程,生产有用产品的一门技术产业,其涉及的领域从初级的海洋渔业到高级的海洋生物医药、化工产业,跨度范围大,门类众多。目前成规模的海洋生物产业主要有四类:海洋生物食品、海洋生物医药、海洋生物育种及健康养殖、海洋生物化工等。

从产业规模来看,由于目前全世界对海洋生物产业尚未形成统一的统计口径,因而很难准确统计世界海洋生物产业的产值。2015年,仅仅就海洋生物医药产业而言,目前世界范围内其产业规模已达数百亿美元,并且预计今后5年增长率将高达15%～20%。尽管近年来海洋生物医药产业总体增长速度较快,但是相对于化学药品或海洋经济的规模,海洋生物医药不管是数量和产值都非常少。

从未来发展趋势来看,海洋生物资源的利用逐步由近海、浅海向远海、深海发展,瞄准深远海生物耐压等特性,有望发现一批全新结构活性化合物和特殊功能基因。药物新靶点发现和验证集成技术、药物高通量、高内涵筛选技术等陆地高新技术也迅速向海洋药物和生物制品开发转移。

二、国外海洋生物产业发展的经验借鉴

(一)美国经验

美国的海洋生物产业发展较早,国家、科研机构、企业等多个主体参与海洋生物产业的发展,同时政府加大科研投入、制定合理的政策以及完善相关的法律法规等以实现海洋生物产业的发展。总结美国发展海洋生物产业的成功经验,可以从以下三个方面具体分析:

1.海洋生物产业政策。产业政策对于产业的发展起着引导和调节的作用。美国为了促进海洋生物产业的发展,制定实施了一系列的政策。早在1966年,美国国会就通过了《海洋资源与工程开发法》,要求总统成立海洋科学、工程和资源委员会,对美国的海洋问题进行全面审议,并于1969年提交了题为"我们的国家与海洋"的报告,该报告对20世纪下半叶美国海洋政策的制定和实施起了重要的指导作用。1972年美国颁布实施《海岸带管理法》,此后又颁布了《海洋保护、研究和自然保护法》《2000年海洋法令》等法律法规,积极促进海洋生物产业发展。其中,在《2000 年海洋法令》中,提出制定新的国家海洋政策的原则,设立完全独立的海洋政策委员会,负责全面制定美国在新世纪的海洋政策,同时提出海洋信托基金的构想,用基金的方式支持海洋生物产业的发展,为其提供资金来源。同时强化渔业补贴,为渔船建造等提供贷款支持。早在 20 世纪 20 年代,美国渔业局和私营合作部门就开始合作开发鱼类速冻工艺,并运用各种方式来资助新型鱼品和鱼类加工技术的研发,如减免税收、加强银行信贷等方式。美国为避免发展海洋经济对海洋生态环境产生的消极影响,制定了《21 世纪国家海洋政策》,政策实施对于海洋生物资源的开发方式具有重要的影响,避免了过度开发,把对海洋生物资源的使用控制在一定范围之内,谋求长远的利益。

2. 海洋生物产业空间布局。海洋生物产业的空间布局,不单取决于海域的生物资源,同时也取决于陆域的社会经济条件,综合考虑海域和陆域的条件,才能实现海洋生物产业空间布局的优化,实现产业更好发展。美国通过吸引和积累资金的方式,建立海洋生物科技园,如夏威夷的海洋科技园、密西西比河区域的海洋科技园。美国夏威夷的海洋科技园主要从事海洋生物、海洋保护等领域的技术产品研发、相关市场的拓展等项目;而密西西比河区域的海洋生物科技园主要从事海洋生物资源开发利用等项目。美国对海洋生物产业进行空间布局,培育了海洋生物高新技术企业,使海洋生物产业得到了发展,从而使得海洋生物产业的竞争力得到增强。

3. 海洋生物科研。美国为了解决海洋生物科研方面的难题,采取了多方面的措施。1992 年美国成立的“海洋联盟”,有多个海洋机构参与其中,是产学研发展的最早模式,为政府、民企和科研机构三者之间的合作提供了方便。美国每年都会投入大量的资金用于海洋生物科研方面的基础设施建设和海洋生物高新技术人才培养和引进,例如每年投资多达 27 亿美元,用于支持海洋生物科技的研发。同时在促进海洋科技成果转化方面采取一系列措施,“海洋联盟”为避免科研机构与企业需求之间出现偏差,加强科研机构与企业的合作,调动资源、资金、市场等因素的积极性,提高了海洋生物成果转化的速度。同时建立和完善海洋生物产业技术转让机制,促进海洋生物科研的积极性,带动了整个海洋生物产业的发展。

此外,美国在开发海洋,发展海洋生物产业的过程中,始终坚持保护性发展的原则,重视海洋经济发展对海洋和海岸带地区环境造成的破坏,关注气候及环境变化对海洋生物资源产生的不良影响,努力在海洋环境资源管理与经济发展之间达到良性平衡。以奥巴马时期为例,奥巴马总统强调美国必须基于生态系统来审视其在海洋事物中的利益以及利益相关者的政策,从而确保采取措施的全面性。奥巴马上任后,即建立了一个海洋政策工作小组,此小组必须提供相关的政策建议,来确保海岸、海洋及沿海地区的生态系统及资源的健康发展。其职能涉及海洋政策制定,提供相关建议,从多方面来维护美国的海洋利益。

(二)日本经验

自20世纪60年代以来,日本逐渐将海洋经济作为经济发展的重点,快速发展形成了以海洋为核心的高新技术产业体系。在海洋生物产业发展方面,日本设立了海洋生物技术研究所,同时不断增加研究经费,投入大量的人力、物力和财力,促进了海洋生物产业的发展。

1.海洋生物产业法规及政策。日本政府制定了一系列的产业政策和法律法规,促进了海洋生物产业的迅速发展。目前日本已经形成了相对完善的法律体系,包括《海洋基本法》《海岸法》《专属经济区法》《渔业法》《海洋水产资源促进法》等13部法律,为海洋生物产业的发展提供法律保障。同时,日本政府十分重视海洋财政政策支持,如其政策性融资中,对海洋生物产业的信贷投入不断加大,信贷结构不断调整,将其调整为更有利于海洋生物产业的发展,其中有一项优惠政策就是可享受14%～20%的税收优惠,前提条件是投资发展与海洋生物产业相关的基础设施建设;在税收方面对海洋科技研发的部分经费进行一定的免税,刺激海洋科技的创新,如企业与公立研究机构或公立大学合作研发促进海洋循环经济发展的相关技术时,所发生的研究经费的15%从法人税中扣除;对于购置相应研究用设备的企业,按价格的一半免税。2004年,日本政府用于推进海洋资源、海洋能源等的经费达到4130亿日元,比上年增长3.3%。另外,利用财政拨款充实、强化和完善海洋监测系统,利用金融支持增加有关浮游生物、海洋哺乳动物等受害物质浓度及浮游生物、海底生物和鱼类的群栖状况以及海藻物质、珊瑚礁等存在状况的监测调查,以推进海洋生物资源保护和海洋循环经济发展。根据海洋循环经济发展中重点项目繁多、融资额度大、风险大等特点,日本政府积极调整信贷结构,加大对海洋生物产业的信贷投入。同时,还积极引导商业银行组织银团贷款,不但加强银行间的合作,且通过分散投资,减少融资风险。此外,银行运用利率杠杆,对重视海洋生物产业发展的相关企业给予政策优惠,对不同的企业采取不同的贷款利率。

2.海洋生物产业空间布局。日本形成和发展了如关东广域地区集群、近畿地区集群等海洋产业集群,这些海洋产业集群主要是受到政策的影响发展和壮大的,同时主要布局在大型港口城市,以充分利用港口城市的交通、资源等各种条件。日本提出了"海洋开发都市区""知识集群创成事业"构想,目的是希望利用海洋相关技术、不同地方特色,发展海洋生物产业。另外,一体化的发展方向是日本在海洋空间开发中注重实施的,灵活运用海洋空间的政策依据是日本的《21世纪海洋政策》。

3.海洋资源环境。尽管20世纪六七十年代以后,日本大规模的海洋开发、填海造地、以科学研究名义开展捕鲸活动等行为对海洋水质造成污染,也破坏了海洋生态平衡,受到国际社会的指责和批评,但此后,日本日益重视海洋生态环境的保护,海洋政策的制定也努力使"了解海洋""保护海洋""利用海洋"三方面保持平衡。近年来,日本加大了对海洋资源环境保护的力度,从区域范围看,日本对海洋环境的保护从最初近海海域逐步扩大到远海海域,从海洋生物种类看,逐步增加了保护的海洋生物种类,实现海洋生物资源开发与保护的平衡。同时,对于海洋生态环境的监测不断强化,实时监测和监控各种海洋生态指标,以实现海洋生物资源良好发展的目标。

(三)韩国经验

1.海洋生物产业政策。韩国1996年成立海洋水产部,由它统一制定及执行海洋政策,以解决海岸与海洋问题,提高海洋管理效率。其主要职能是管理海洋相关事务。因此,韩国也成为实行海洋管理综合体制的唯一国家。韩国在建立海洋水产部后,接着出台了《21世纪海洋水产前景》(1997—2001年),目的是为了海洋生物资源的可持续开发利用,促进海洋生物产业的发展。2005年,韩国政府发布了《21世纪海洋政策》,计划将韩国的海洋产业占国内生产总值的比重从1998年的7%提高到2030年的11.3%,提出"创造海洋国土、建设以海洋高技术为基础的海洋产业以及海洋资源可持续开发"三大基本目标,并提出了振兴高附加值的海洋科技产业、创建世界领先的海洋服务业等七大推进战略。2010年,韩国国土海洋部提出培养有前景的未来产业,如海洋生物能源产业等。

2.海洋生物科研。韩国在发展海洋生物科技方面也做出了巨大的努力,实施了许多战略措施。首先是海洋生物技术的研发,对海洋生物技术创新不断探索,尤其是在海洋养殖技术、海洋医药技术等方面,为海洋生物产业的发展提供智力支撑;其次是海洋生物产业外部服务体系的构建,尤其是对港口管理的信息系统技术的研发,为海洋生物产业的发展提供了良好的外部环境;再次是投入大量的资金支持海洋生物科研开发,建设众多科研基地,培育大量海洋生物人才,为海洋生物产业的发展提供物力支持。随着海洋生物技术和海洋生物产业的发展,在政府政策的激励下,韩国各科研机构也加大了对海洋生物产业的研发,形成了众多的海洋生物成果。例如从海藻中提炼有效成分制成的抗衰老药;利用济州沿岸的海藻类"孔石莼"研制的生物乙醇的替代能源,这项研究是韩国的江原大学与韩国海洋研究院共同研发。除此之外,在科技合作领域,韩国对与其他国家海洋生物领域的合作也非常重视,参加了政府间海洋学委员会、南极条约体系、太平洋海洋考察国际委员会和国际海底管理局等国际组织,并与组织成员间展开密切的科技合作。

(四)新加坡经验

新加坡在海洋生物产业方面的经验主要在于其发展海洋生物医药产业的做法。从 2000 年开始,新加坡就明确提出大力发展生物医药产业,近十几年来新加坡生物医药产业发展已取得了巨大的成就。2006—2010 年生物医药产业对 GDP 的贡献平均在 4% 左右,解决就业人数年均 12392 人,年均总产值和增加值分别在 226 亿和 113 亿新币左右。目前新加坡共引进和培养了近 7000 名生物医药产业的研究人员,拥有由 50 多个公司、高等院校以及 30 个公立的生物医药研究机构组成的研究体系。成功引进了包括礼来制药公司(Eli lily)、默克公司(Merck&Co)、Astra Zeneca 公司、葛兰素史克公司(Glaxo SmithKline)及谢林普罗公司等世界级生物医药公司来新加坡投资设厂。其具体举措有以下几个方面:

1.建立专门的生物医药产业领导协调机构。政府于 2000 年 6 月成立了由副总理挂帅的生命科学部长级委员会,下设生命科学执行委员会。委员会邀请葛兰素史克公司的主要负责人和被誉为分子细胞学之父的美国分子科学机构总裁布伦纳教授担任顾问,领导由至少 12 名国际科学专家组成的国际咨询理事会,协助执行委员会制定生物医药业的发展方向。

2.建立促进生物医药产业发展的政策执行机构。新加坡科研局下属的"生物医学研究理事会"和新加坡经发局下属的"生物医学集团"、"生物投资有限公司"是政府扶持生物医学产业发展的执行机构。生物医学研究理事会主要负责公共研究机构的研发与商业化以及科技人才的培养等,主管启奥生物园区、七大生物医药公共研究机构、五大国家重点实验室等涉及基础研究和自主创新相关的部门和单位。生物医学集团负责吸引国际企业来新加坡投资建厂及鼓励私营企业的研究与开发活动。生物投资有限公司负责不同领域的项目投资。三者统一部署,明确分工,形成推动生物医药产业发展的强大力量。

3.建立完善的生物医药公共研究体系。在生物学的基础研究以及临床应用方面,建立了七大生物医药公共研究院以及五大生物医药实验室,进而形成了从基础研究到临床研究再到下游技术的一整套以公共研究为主的研究体系,为生物医药的发明创造、核心技术突破和医药新产品的产业化打下了坚实的基础。这些研究机构彼此独立,分工明确,但在具体的运作中是以产学研合作的方式支持生物医药的核心技术突破和新产品的发现。如新加坡基因研究院与 Roche Nim-bleGen 研究院共同开发研究抗 HINI 病毒的药物。

4.建立生物医药研究机构研发集聚区。2001 年 12 月,新加坡投资了 5 亿新币建立了著名的"启奥生物城",科研局的 7 个公共生物医药研究机构、5 个国家重点实验室以及生物医药私营企业研究院汇聚此地。科研集聚区内的科学家、科技创业者和研究人员,通过深入的研究和研究生培训计划,建立伙伴关系,并与知名科研机构共同发展。研究人员能够利用各种最先进的科学设施与服务,使企业降低研发成本,缩短研发时间。

5.引进外籍人才和培养本土人才。在吸引国际人才方面,新加坡政府于 2008 年成立了名为"联系新加坡"的机构,主要负责吸引全球人才到新加坡工作、投资和生活,制定了包括高薪、税收、假期、住房补贴、子女入学补助、配偶工作等一系列优惠政策。在培养本土人才方面,建立了一套从基础教育、职业教育到高端研究人才的人才培养体系,并设立"生命科学人力开发计划"。

6.建立生物医药企业生产制造基地。政府投资兴建了占地约 360 公顷的大士生物医药园,目前已经吸引了世界顶级的制药和生物技术公司在此建立生产基地。大士生物医药园离新加坡唯一的干货集散港裕廊港仅有 20 分钟的路程,大大缩短了生物医药企业配送产品到全球市场的物流时间。

7.设立专项投资基金。生物技术投资有限公司管理资金总额约为 12 亿新币的生物医药投资基金,分别为生命科学投资基金、新加坡生物创新基金、生物医药科学投资基金和生物药剂增长基金。生物技术投资有限公司以新加坡的生物医药企业为主,对全世界的生物医药公司进行股权投资,形成从资本到产业的真正的良性互动。

(五)挪威经验

挪威是渔业大国,海洋经济在其经济收入中占据绝对优势,该国发展海洋生物产业方面的主要做法有：

1.完善的渔业法律法规体系。挪威早在1946年就建立了渔业部，具体负责渔业活动、海岸安全、海洋科研及渔业资金的具体管理，同时，挪威也是一个较早制定渔业法规的国家，形成了渔业管理方面一整套的法律法规。在海洋经济开发的同时，注重海洋环境的保护。

2.良好的投融资体系。挪威拥有良好的私营企业投资系统，通过一定的激励政策，鼓励私营企业投资国有企业的海洋技术开发项目，为研究开发注入新的生命，同时引入监督媒介，在一定程度上减轻了国家的研究开发经费负担。

3.研究机制灵活。建立了众多具有针对性的海洋经济研究所，积极参加国际海洋经济开发合作，积极开拓国际市场及注重海洋技术的研发，注重科研成果的商业化和技术转让。

以上五国在发展海洋生物产业方面比较成功，拥有丰富的海洋生物产业发展及管理的经验，总结它们的经验可以得出：海洋生物产业的发展需要政府政策的引导，同时需要建立相应的配套制度，如在空间布局、科研投入、人才引进及环境保护等方面制定相应的措施，才能实现海洋生物产业的快速、健康发展。

第二节　我国海洋生物产业发展现状及省市经验借鉴

一、我国海洋生物产业发展现状

我国海洋生物产业虽起步较晚，但发展迅猛，虽然总体水平不高，但在一些领域的研究已经达到国际先进水平。20世纪70年代我国对于海洋生物医药和海洋保健食品等进行研究开发。80年代，我国第一个抗心脑血管疾病的海洋药物PSS问世。1996年，国家颁布了将海洋生物技术和海洋药物的研究与开发列为重点课题的国家海洋"863"计划。自海洋技术被列入国家"863"计划以后，一系列海洋生物资源开发利用的关键技术日臻成熟，目前，海藻纤维、用于生产洗涤剂的海洋生物碱性蛋白酶、修复皮肤组织的"人工皮肤"等部分领域已处于世界领先地位（见专栏2）。在海洋功能性食品方面，近年来我国的研究与开发应用已取得了较大的进展，研制出了一系列产品，包括脑黄金、鱼肝油和以海洋贝类中的牛磺酸为主要成分的力多精、鱼蛋白等,但与已获得的生物活性成分相比,海洋功能食品的种类明显较少。因此,利用这些已获得的海洋生物活性成分进行深加工,制成风味独特和保健功效显著的海洋功能食品,是当前最重要的开发研究领域。在海洋生物技术农药产业方面,我国已开发出无残毒杀虫剂、植物促进激素、海洋前列腺素等产品,其中广西利用微藻提取物开发的一种生物技术农药——施特灵,对果树、蔬菜、油料防病效果达50％～90％,降低药费使用率大于50％,增产8.5％。根据中国生物技术发展中心2012年的一份研究报告,目前国内专门从事海洋药物研究的单位有数十家,开发、生产企业有几百家,主要分布在海洋生物医药产业比较发达的沿海省区如山东、福建、上海、浙江、广东、海南等。在这些地区,一批以海洋生物产业为特色的产业园区逐步成为产业发展的重要推动力量。目前我国尚未单独对海洋生物产业产值进行专门的统计,但从海洋生物产业的代表性行业——海洋生物制药来看,近年来发展十分迅速。根据《2016年中国海洋经济统计公报》,海洋生物医药业持续快速增长,全年实现产值336亿元,比上年增长11.3％(见图3.1)。尽管如此,由于总量小、底子薄,我国海洋生物产业总体发展水平仍有待提高,从全国情况来看,海洋生物制药产业占海洋经济的总产值的比重仅为1％。

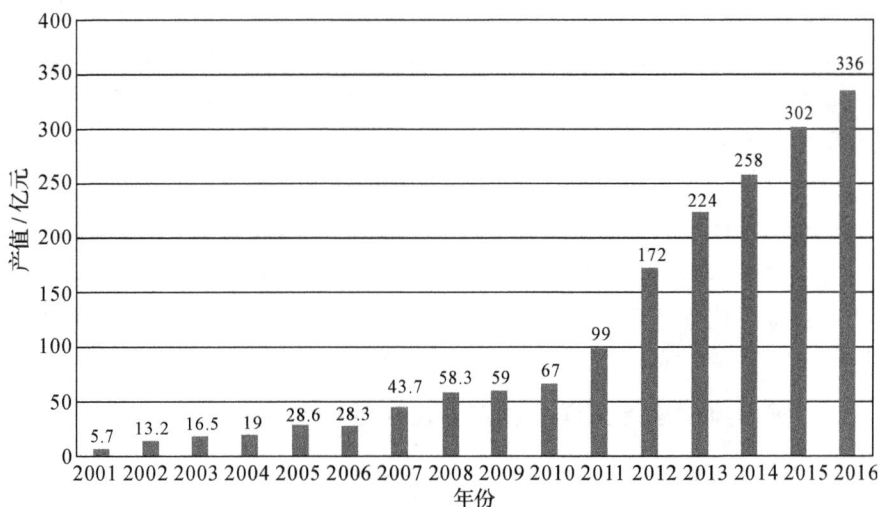

图3.1　我国海洋生物医药产业总产值

　　浙江省作为海洋制品出口大省,在我国海洋生物产业发展中占有重要的地位。在国家关于"创新驱动发展""建设海洋强国""拓展蓝色经济空间"

等战略部署引导下,重点推动海洋生物创新技术产业化和优势产品的高质化、高值化,深层次开发不同区域的特殊海洋生物资源,推进创新海洋生物医药和功能食品新型产业形成集群,推进绿色、安全的高端海洋生物功能制品产业化,推进海洋生物原材料产品的升级换代,已成为浙江省海洋生物产业发展的当务之急。

专栏2　我国海洋生物的国际领先领域

1. 人工皮肤

2012年,我国人工皮肤产品产业化基地在西安竣工投产,使我国成为继美国之后自主掌握该项世界前沿技术的国家之一。组织人工皮肤项目是第四军医大学牵头的国家"863"计划重大项目,这项研究成果还作为子项目获得了2011年度国家科技进步一等奖。人工皮肤产品产业化基地由香港中国生物医学再生科技有限公司控股,陕西艾尔肤组织工程有限公司建设,通过引进资本与高新技术的结合,将第四军医大学的科技成果推向了产业化。

2. 海藻纤维

我国拥有世界上最大的海藻纤维生产基地,海藻纤维已被应用在阻燃防护功能产品、生物医用敷料及制品和功能性无纺布上。青岛大学夏延致科研团队经过20多年的研究,突破了有机溶剂传统工艺,实现海藻纤维全线自动化生产。应用上述技术,青岛康通海洋纤维有限公司建立了世界最大的海藻纤维生产基地,在青岛建成了年产1000吨纤维级海藻酸钠原料的生产线及年产800吨的海藻纤维生产线,开了海洋纤维工业生产的先河。

3. 海洋低温碱性蛋白酶

海洋低温碱性蛋白酶,主要用于加酶的洗涤剂,在室温下有较高的酶活力,中国水产科学研究院黄海水产研究所申报的"一种新型海洋微生物低温碱性蛋白酶脱色方法"获国家发明专利授权,脱色后的低温碱性蛋白酶能更有效广泛地应用于食品工业、医药工业以及环境工程中。

二、国内典型地区海洋生物产业发展经验借鉴

(一)青岛经验

1. 产业基本情况介绍

2007年6月,青岛被认定为国家生物产业基地,这是全国唯一的海洋特色国家生物产业基地,重点发展海水养殖优质育苗、海洋药物、海洋酶、海洋生物新材料、海洋生物功能性食品和化妆品。在国家发改委的支持下,依托

中国海洋大学、中国科学院海洋所等占全国四分之一以上的海洋科研机构和全国 30% 以上的海洋高技术人才,青岛先后承担了国家海洋科学考察船、国家深海基地、海洋科学技术国家实验室等一批重大科技基础设施项目。通过自主创新平台建设、组织科技攻关和产业化项目实施,拥有了以 1 个国家实验室,1 个国家工程技术研究中心和 17 个省部级重点实验室为架构的生物技术创新体系;形成了以海洋药物、海洋功能食品和海水种苗繁育为主体,以海洋新材料与活性物质提取、海水养殖病虫害防治为辅的海洋生物产业体系。目前,青岛市成立了青岛海洋生物医药研究院,为企业打造一条企业、教育、科研三方面紧密结合的完善的全产业链。随着"产学研"链条的完善,青岛市海洋生物产业的竞争力由横向扩张式发展变成纵向科技型转型,从增速产量转为深化科研。

　　青岛市目前云集了我国众多的海洋药物研究机构和企业,如联合国教科文组织中国海洋生物工程中心、国家海洋药物工程技术研究中心、国家海洋药物中试基地等,青岛现已成为我国海洋药物和海洋保健品研制生产的大本营,每年都有数十个新产品问世。其海洋生物医药产业增加值占山东省总产值的一半以上,约占全国的四分之一。青岛海洋生物医药产业主要集中在青岛高新区。区内建设有生物医药孵化园、创新园、加速园和产业园,重点发展海洋药物、抗体药物和诊断试剂与检测平台等重点领域,规划建设集科技研发、孵化中试、扩产加速、产业升级相结合的国内一流的生物医药专业科技园区。经过近些年的发展和积累,青岛海洋生物医药产业基地已初具规模。产业整体呈现由快向深转变的态势,产业链逐步完善,产业结构趋于合理。开发了一批具有自主知识产权的创新药物,取得 I 类海洋新药 6 个,其他类别新药 20 多个。全国最大的微生态产业化基地东海药业有限公司正式投产,中国科学院海洋研究所的褐藻多糖硫酸酯(FPS)(原料药和制剂)已获得国家新药证书,青岛国大生物制药有限公司的基因工程药物重组链激酶(r-SK)、中国科学院海洋研究所的抗肿瘤海洋基因工程药物镭普克等一批药物进入市场。在工业生物技术领域,生物催化剂制备、生物工程酶、海洋酶研究、甲壳质和生物新材料应用技术等,在国内占有重要地位。2014 年,由山东省发改委、山东半岛蓝色经济区建设办公室、青岛明月海藻集团有限公司(重点企业发展情况见表 3.1)、青岛贝尔生物科技有限公司、山东东方海洋集团有限公司、好当家集团有限公司等 11 家单位共同发起,成立了山东半岛蓝色经济区海洋生物产业联盟,旨在将山东半岛分散的资源整合起来,通过整合优势、协同创新的方式,推动行业发展,最终构建起中国海洋生物产业的"蓝色航母。"

表 3.1　青岛市海洋生物重点企业

企业名称	主要领域	主要产品	专利数量
青岛东海药业有限公司	微生态药品和健康食品	酪酸梭菌活菌散、酪酸梭菌活菌胶囊、酪酸梭菌活菌片和凝结芽孢杆菌活菌片	新药发明专利 24 项,授权 3 项
青岛博新生物制药有限公司	集生物制药、医疗器械、保健品研发、生产和销售于一体	BXTM 临床血清肿瘤相关物质检测试剂盒、301 保康胶囊、博新康抗癌颗粒剂、克尔博消毒液	国家专利 3 项
青岛正大海尔制药有限公司	制药	盖三淳胶囊、盖诺真胶丸、丹桂香颗粒、采力合剂、采力口服溶液、桑枝颗粒、藻酸双酯钠片等	发明专利 5 项,外观设计专利 2 项
青岛康地恩药业有限公司	动物保健、生物制品、饲料添加剂、消毒剂等	喹诺酮类、磺胺类、解热镇痛类、平喘类、抗寄生虫类及辅料、维生素、饲料添加剂、氨基酸等	国家Ⅲ类新药证书 1 个,国家Ⅳ类Ⅴ类药 14 个,发明专利 40 余项,鉴定科技成果 30 余项
青岛易邦生物工程有限公司	兽用生物疫苗、诊断液等生物制品	禽流感(H5、H9)二价灭活疫苗、禽流感(H9 亚型)灭活疫苗、鸡新城疫禽流感二连灭活疫苗、鸡新城疫灭活疫苗等	国家重点新产品 4 个,新兽药证书 12 个,申请专利 9 项,其中发明专利 7 项,设计专利 2 项
青岛明月海藻集团有限公司	海藻加工、糖醇生产和热电联产	海洋化工、海洋药物、海洋食品和保健品、海洋饲料、海洋肥料、糖醇等	发明专利 12 项
青岛颐中生物工程有限公司	生物工程	数字纱布、止血粉、止血短纤、手术防粘连膜、可吸收生物蛋白海绵、吸收性止血纤维蛋白	国家发明专利授权 10 件

　　截至 2015 年 7 月,青岛海洋生物医药产业基地内集聚企业超过 100 家,工业总产值 35 亿元,企业从业人员 6447 人,国家级高新技术企业 32 家,销售收入过 5000 万元的骨干企业达到 19 家。青岛海洋生物医药产业基地已成为我国最主要的海洋生物医药研发和产业基地之一。目前,基地内已签约落户中澳南澳科技创新中心、温州医科大学青岛国际生物科技园、山东生命科技研究院、青岛大学新药创制研究院等一批具有行业影响力的海洋生物

医药特色项目,国家海洋技术转移中心和干细胞生物诊疗国家地方联合工程研究中心建成运营,开工建设国内最大专业寡糖产业化研发生产基地和明药堂海洋生物医药产业孵化基地,产业基地海洋特色生物医药产业已初具规模。计划到2020年,基地基本建成创新链完整、产业链完善、竞争优势明显、政策体系健全的海洋生物医药产业体系,海洋生物医药产业产值达到100亿元,孵化生物医药企业300家以上,成为国内一流、国际先进的海洋生物医药产业研发、孵化和生产基地。

在海洋生物监测方面,青岛海佑海洋生物工程有限公司研发的海佑海洋生物壳聚糖基生物传感器电机芯片研发项目进入产业化阶段。壳聚糖基生物电机芯片以甲壳素等海洋提取物为原料,是结合了生物芯片技术和微电子建工技术所产生的新一代芯片,将应用于打造芯片抗体平台、环境监测、食品安全和疾病监测四大领域。不但能够填补我国在生物毒素及时监测等多个领域的空白,还能应用于水产养殖业,成为水产养殖水质监测物联网的重要组成模块。项目建成后,将形成年生产环境监测芯片5万片、食品安全监测芯片5万片、疾病监测芯片5万片、壳聚糖芯片150万片及手持设备3000台的生产能力,到2020年该芯片的销售收入有望达到15亿元。

在海水养殖方面,开发了中国对虾“黄海1号”、海大“蓬莱红”扇贝、红海参、菲律宾蛤仔、皱纹盘鲍、三倍体牡蛎、圆斑星鲽、欧洲鲽等新苗种资源,初步形成了海水工厂化、规模化、产业化养殖技术体系。开发并认定了高效海参活素、欧参宝、海胆活素、藻芝素等200多个海洋生物功能性产品。

2. 海洋生物产业园区运作机制

依托青岛市优越的区位优势、雄厚的科研人才实力、完善的创新创业体系和优良的政策环境,青岛的生物产业迅速发展壮大,已初步形成一个以生物科研为依托,以生物医药为特色,生物制造、生物农业、保健品、生物环保等生物产业门类协调发展的新兴产业格局。青岛国家生物产业基地内生物技术企业已达260家,规模以上企业60多家,产业集聚效应明显。青岛国家生物产业基地核心区位于青岛市崂山区,具备了完备的生物产业创新创业体系,拥有国家级高新技术企业创业服务中心,建成包括生物产业园、中国海洋大学创业园、高新创业园等在内的综合孵化器、生物医药专业孵化器达12个。河新区内已集聚了生物企业120余家,承担了青岛国家海洋生物产业基地公共服务平台项目。

根据青岛市生物产业发展的良好态势及青岛市生物产业基地总体发展规划,青岛市生物产业基地将逐步辐射包括青岛市各县区及烟台、威海、日照等地,以及与青岛市海洋生物产业有密切关系的山东西部地区、环渤海地区和长江三角洲地区,通过技术、人才和信息的交流和沟通,实现青岛国家海洋生物产业基地更大范围的示范和带动作用。

3.平台建设

(1)研发服务平台。围绕生物医药产业,建成干细胞与生物诊疗国家地方工程研究中心和中国医药生物技术协会唯一的干细胞研发基地;青岛大学创新药物研究院启动建设,与温州医科大学、山东生命科学院等单位合作,加快科研孵化、成果转化,为产业发展提供核心驱动力;与南澳洲弗林德斯大学、法国多赛实验室、美国霍尼韦尔技术转移实验室等密切合作,加快集聚高端研发项目。搭建总投资2.4亿元的青岛市生物医学工程与技术公共研发平台,构建青岛市实验动物共享服务平台、坤奥基抗体及抗体偶联药物研发中试平台、青岛新生源新药公共服务研发平台、布拉德福德大学中英开放式创新平台等一站式专业平台服务体系,不断强化产业技术创新和服务体系建设。

(2)产业孵化平台。2014年青岛海洋生物医药研究院正式投入运行。此院是青岛市重点支持建设的海洋生物高新技术孵化器之一,包括瀚海海洋糖工程药物、现代海洋药物、现代海洋中药、海洋药用资源和海洋功能制品五大研发技术系统。目前,青岛市规划建设孵化器19个,建筑面积300万平方米,初步形成"苗圃—孵化器—加速器"的科技创业孵化链条。其中,蓝色生物医药产业园建筑面积195万平方米,设有孵化区、产业区以及生活配套区。其中,生物医药专业孵化中心建筑面积12万平方米,配有符合GMP标准的中试工艺研究实验室以及价值1.2亿元的专业研发实验设备,可容纳生物医药企业100家以上。牵头成立产业技术创新联盟、青岛市海洋生物医药产业商会及展示服务中心,在技术交流、研发创新等领域推动海洋生物医药产业发展。

(3)人才发展平台。把人才作为产业环境的核心,坚持政策"引"、平台"聚"、产业"兴"、环境"留",将工作重心转向环境优化,筑巢引凤。设立了亿元青岛"人才特区"专项资金,获批国家级留学人员创业园,建成青岛蓝色人才港,累计引进生命科学、生物干细胞、海洋药物、抗体药物等生物医药相关领域的专家团队12个,获批青岛市第二批人才特区项目11个,引进王玉强博士防脑中风1类新药、赵毅博士白介素12新药、李靖博士欧博方1.1类宠物新药等行业领军人才一类新药7个,与青岛市高校和科研机构探索成立青岛市生物医药产业技术创新战略联盟,持续搭建与完善产业人才引进和培育体系建设。

（4）金融服务平台。与上海新生源合作成立 2.5 亿元规模的生物医药产业基金，已完成 13 个项目评审和基金投放。获批建设全省首家科技特色银行和全省首个互联网金融产业园，总投资 3 亿元的青岛国际财富中心项目正式落户，积极引导天使基金、风投基金、股权投资基金等金融资本投资生物医药产业，形成多层次的投融资体系。

（二）烟台经验

1. 产业介绍

烟台建有国家火炬烟台海洋生物与医药特色产业基地（以下简称基地），基地内拥有以山东绿叶制药有限公司、烟台绿叶动物保健品有限公司、烟台只楚药业有限公司、烟台只楚合成化学有限公司（重点企业发展情况见表 3.2）为骨干的 50 多家海洋生物与医药相关领域的企业。基地及周边聚集了以中国农业大学烟台分校、滨州医学院、烟台大学（设海洋学院、药学院和生命科学学院）等为代表的 7 家大学机构和中国科学院烟台海岸带研究所等科研院所。已经建成省部级以上的工程化创新平台 20 多个，其中包括国家重点实验室 1 处，国家企业技术中心 2 处。拥有国家级示范生产力促进中心、国家专利技术（烟台）展示交易中心、中科院山东综合技术转化中心烟台中心等国家级技术交易和成果转化机构 3 家，烟台高新区创新担保有限公司等投融资机构 8 家，北京轻创知识产权代理有限公司、山东文康律师事务所烟台政和软件科技有限公司等科技服务中介机构 15 家。聚集了一大批高层次创新、创业人才。目前基地内从业人员总数达 5800 余人，其中科研人员 1200 余人，具有博士学位的人员 79 人，海归人员 60 余人。

表 3.2　烟台市海洋生物重点企业

企业名称	主要领域	主要产品	备注
绿叶制药集团有限公司	抗肿瘤、中枢神经系统、心血管、糖尿病等药物新制剂和天然药物的研发	血脂康、麦通纳、力扑素、希美纳、天地欣、伊泰达、贝希、绿汀诺、卡巴拉汀贴剂、酒石酸艾格列汀片等 30 多个产品	国内专利 258 项，国外专利 130 项。是国内唯一拥有化合物国际发明专利的药品生产单位。专利产品注射用七叶皂苷钠及其系列产品，绿汀诺®、希美纳®、诺森®一直处于同类产品领先地位

续表

企业名称	主要领域	主要产品	备注
只楚药业有限公司	原料药为主、西药制剂、天然药物及生物工程为发展方向的综合型制药	硫酸庆大霉素、辛伐他汀片、苦参素片、颈痛灵胶囊、通脉胶囊等50多种产品	
烟台万利医用品有限公司	保健食品原料、生物医用材料原料及药物中间体	主导产品医用可降解术后粘连壳聚糖	在国内壳聚糖防粘连领域,位列第二名
山东海瑞药物研究有限公司	中药、化学药品原料中间体、保健食品、化妆品以及生物制品	主导产品卡培立肽是一种具有自主知识产权的心血管治疗药物	上市后有望填补国内市场空白
烟台奥蓝海洋生物科技有限公司	海洋功能食品、海洋药物和海洋生物制品	致力于海洋生物活性物质高值化产品的开发利用	目前已申请技术发明专利14项,在研产品中已有2项进入申报临床阶段
烟台硕博源生物技术有限公司	生物农业领域的产品研发、生产及销售	生物学实验室科研用相关试剂的开发与技术服务、借助转基因动物生产生物制剂的技术研发及技术服务等。目前,公司已经开发出蛋白质研究试剂30余种	

基地立足烟台当地的区位和资源优势,在政府的引导下,以市场为导向,以龙头企业为牵引,以中小型企业为主体,"政产学研"紧密结合,已经形成了特色鲜明的产业链条,实现了从海洋生物育种等产业链的源头开始,兼顾海洋育苗、海洋生物健康生态养殖、海洋生物深加工及废弃物利用、海洋生物医药中间体和生物材料开发、海洋生物与医药高值化产品研究开发、生物医药大品种的生产与销售、贸易、物流等各个关键环节,形成了"以现代生物技术为依托,海水养殖和生物制药两大产业类群相关技术与产品高度交叉融合"的绿色循环经济产业链。

根据产业链的上下游连接,基地产品领域涵盖了海洋生物苗种、海水健康养殖检测和诊断产品、食品、生物材料、医药中间体、兽药、兽用生物制品

(含动物疫苗)、海洋化妆品、海洋保健品、医疗器械、现代中药、天然药物(含海洋药物)、化学合成药物、生物仿制药、药物新制剂、生物技术药物等领域,形成了由低向高逐步深入的海洋生物与医药健康产品特色产品线。

目前,烟台高新区海洋生物与医药产业特色产业基地规模不断扩增,截至 2014 年年底,基地已拥有海洋生物与医药领域的大中小微企业 50 多家,其中高新技术企业 7 家,重点高新技术企业 1 家。实现工业总产值 50.1 亿元,销售收入 47.2 亿元,利税总额 7.2 亿元。

2. 生物产业园区管理

(1)构建集群协同创新机制。基地以山东国际生物科技园为核心载体,与入园单位、科研院所及基地内大专院校长期开展技术、项目合作,在组织方式上充分体现了"产学研"实质性合作、高度集成、企业主体、利益机制明确的原则,以核心载体山东国际生物科技园发展有限公司作为技术、投资、建设和运营主体,联合了中国科学院上海药物研究所烟台分所、中国医学科学院药物研究所国家药物筛选中心、中国药科大学等单位在创新药物研发等方面的创新资源和基础研究优势,资源集成,优势互补,共同促进重大标志性成果的产业化,按照"虚拟公司化"和"股份制"分配所获利益成果,已形成特色的研发链、产业链和利益链。

(2)建立创业载体和创业服务中介。目前,基地内已建成一批特色鲜明的生物医药专业孵化器和专业加速器,累计孵化面积达到 20 万平方米以上,在孵企业 100 多家。山东国际生物科技园总投资 60 亿元,是烟台在海洋生物与医药领域建设的核心专业孵化器,也是整个产业基地发展的核心载体。园区占地面积 1046 亩,总建筑面积 137 万平方米,未来可容纳 300 家海洋生物与医药领域的企业入园创业,将成为烟台高新区发展生物医药与海洋科技的重要创新引擎、核心孵化平台和招才引智基地,已经建成孵化器建设面积 2.7 万平方米,引进海洋生物与医药领域在孵企业 40 余家;国家生物新材料科技园总投资 20 亿元,是生物技术与高分子材料技术专业孵化器,由山东瀚霖生物技术有限公司牵头出资建设,总建筑面积 47 万平方米,未来可容纳 100 多家企业,园区将建设中国科学院微生物研究所烟台分所、国家疾控中心瀚霖联合研发中心等专业研发机构和平台,打造国内生物及高分子材料技术领域的领军型研发中心和技术转化基地;拓普邦生物科技园总投资 8 亿元,是生物制品专业孵化器,孵化面积 4 万平方米,未来可容纳 100 多家企业,园区由多位美籍华裔博士领衔,与世界最先进的生物技术研发中心和博士后科研工作站开展合作,利用抗原抗体特异性反应原理研发生产生物制品,具有自主知识产权,部分技术达到世界领先水平;绿叶国际医药科技产业园投资 10 亿元,可建设用地 289 亩,总建筑面积 21 万平方米,主要从事天然药物、化学药品及新制剂的研发、生产和销售,其中微球车间按美国 CGMP 要求设计,采用国际先进的生产工艺和德国生产设备,部分产品研发处于国内领先水平,填补国内空白,项目建成后,可实现销售收入 20 亿元。

(3)搭建公共技术平台。基地加强公共技术平台、公共服务平台、企业研发平台等载体建设,积极吸引和大力培育生物医药研发与服务机构,完善海洋与医药研发和产业化平台建设,以创新成果产业转化为重点,积极为该产业发展提供优质服务。目前基地已经建立起药物安全评价中心(国家GLP 实验室)、山东省工程技术研究中心、山东省海洋生物功能分子应用工程实验室、筛选与评价中心、药物代谢动力学研究中心、生物技术中心、分析测试中心、中试基地等一系列公共技术平台,这些平台涵盖新药发现、筛选评价、中试放大、检测检验等新药临床前研发的各个环节,与园区知识产权评估平台、国际注册平台、投融资平台紧密结合,兼顾知识产权评价—立项投资—孵化开发—注册报批—产业化转化各个环节,形成一条完整的产业链。

(4)加强人才与科研院所的引进与培育。引进上海药物研究所等科研机构,聚焦海洋药物的研究与开发、药物新制剂的研究开发、肿瘤药物的发现与筛选平台,加强海洋生物医药研发能力。优先推荐基地引进的海内外高端人才申报国家"千人计划"、山东省"万人计划"以及烟台市"双百计划"、烟台高新区"蓝海英才"计划等各级政府颁布的人才引进项目。在生物医药和重大新药创制等方面,以实施"泰山学者—药学特聘专家"专项建设工程为突破口,为国家山东创新药物孵化基地和山东省国家新药研发大平台的建设培养高端医药创新团队。

(5)加大政策扶持力度。设立海洋生物与医药产业发展专项资金,重点支持医药技术公共服务平台建设、产学研合作、关键技术研发、重大技术成果产业化等。在科技发展资金中设立专项,用于生物医药产业公共平台建设,服务支撑体系建设。对医药新产品的研发费用进行补贴,加强科技金融服务体系建设。

(三)厦门经验

1. 产业介绍

创建于 1952 年的厦门鱼肝油厂是全国最大的鱼肝油制剂生产厂家。

1983 年成立的厦门市鲎试剂试验有限公司是国内最大最早生产鲎试剂的厂家。厦门是我国四个海洋生物技术和海洋药物研究中心之一,在海洋生物制药和化学生物产业方面的科技优势明显,是国内外最活跃的海洋生物产业集聚区之一。《厦门海洋经济发展"十三五"专项规划》提出厦门海洋经济的发展目标:重点打造海洋生物医药产业,大力培育海洋生物医药龙头企业,不断开发具有自主知识产权的高技术产品,提高厦门在海洋药源生物和海洋生物功能性物质领域的核心竞争力。近年来,厦门市在海洋与生命科学领域承担国家科技计划项目共 100 多项,研究领域涉及基因重组、基因工程、细胞免疫、创新药研制、海洋生物活性物质提取、海洋生物药源制备、水产病害防治、遗传育种、海产品深加工、生态农业等,部分科研成果达到国际先进水平。

    2. 海洋生物产业研发及重点项目

    厦门市拥有厦门大学、国家海洋局第三海洋研究所、集美大学等 10 余家海洋科研教学单位,拥有 2 位生物技术领域的院士,海洋科技力量在全国名列前茅。厦门已建立了中国大洋生物基因研究开发基地,这是我国唯一的、国际上少数几个具备深海基因资源采集、研发能力的研究机构。建立了功能完善的海洋药物和海洋活性物质化学生物产业孵化器平台,形成了以海洋生物医药(药源方向)技术为核心的产业链,加强海洋生物技术与下游产业的衔接和科技成果的转化。重点项目和产品开发情况如表 3.3 所示。

表 3.3 厦门市海洋生物重点研究机构

研发单位	项目/产品	创新及效果
国家海洋局第三海洋研究所	河豚毒素	一类戒毒新药,具有调节心率及降压作用,更可作为高效戒毒和局部麻醉药物,其麻醉作用比目前常用的局麻药强万倍以上
厦门蓝湾科技有限公司与国家海洋局第三海洋研究所合作	高纯硫酸氨基葡萄糖项目	比同类国产和进口产品的纯度提高了 20% 以上,对骨关节炎有显著治疗效果,成为海洋糖工程科技成果转化进入产业化与商品化应用的一个成功范例
厦门东海洋水产品进出口有限公司	真蛸精加工产品	采取膜分离技术,从真蛸下脚料中提取天然牛磺酸,在国内率先开发出了天然牛磺酸的提取工艺
厦门百美特生物材料科技有限公司	医疗新型纱布	利用海藻提取物制造的可替代普通医疗纱布的新型纱布,具有显著的社会效益和经济效益

续表

研发单位	项目/产品	创新及效果
厦门金达威集团股份有限公司	辅酶 Q10、微藻、维生素	研发生产的辅酶 Q10、微藻 DHA、植物性 ARA、维生素 A 及维生素 D3 等五大系列产品远销全球数十个国家地区
福州大学化学化工学院、福建省医疗检测与医药技术重点实验室	试剂级蛋白胨产品	以低值鱼或低值鱼加工后产生的下脚料为原料,采用集成创新分离纯化技术及清洁生产专利技术进行全物料的综合利用
	烷基糖苷化合物	由该校研发的鲍鱼内脏 β-逆水解糖苷酶催化制备心血管药物烷基糖苷化合物在国内外尚属首例

3. 海洋生物医药(药源方向)集聚园区发展情况

目前,厦门南方海洋研究中心已揭牌,该中心将通过海洋生物医药与功能产品加工等海洋技术和产、学、研结合,形成从科研开发、成果转化到产业化的协同创新集群。厦门海洋与生命科学产业集群也被正式列入国家创新型产业集群试点,成为全国重要的海洋开发和科研基地。诏安重点发展海洋生物产业,规划建设 18 平方公里、总投资逾 8 亿元的福建省第一个海洋生物高科技产业园——金都海洋生物产业园,目标通过 5～10 年将园区打造成为产业聚集、配套齐全、环境优美、生态文明、宜居宜业的国家级海洋生物产业园。

目前已有润科生物科技、环球生物科技、台湾大家优藻等 6 家海洋生物医药(药源方向)企业进驻,总投资 10.5 亿元,项目全部达产后年产值可达 33.5 亿元。福建环球海洋生物科技有限公司与福建省水产研究所投资 1000 万美元,共同开发生产海洋生物产品——琼脂糖。琼脂糖是从藻类中提取出琼脂,经过深加工转化而成,用于医学中基因分离、DNA 鉴定等尖端技术。同时,产业园已与厦门大学等高校与科研院所建立产学研合作关系。产业园已被列入《全国海洋经济试点规划》和国家海洋战略性新兴产业基地。

4. 财政重点支持

厦门重点引导企业成为技术创新的主体,鼓励企业设立研发机构,引进培育一批高水平的企业技术创新团队。此外,在科技创新公共服务平台建设、科技成果产业化、支持建立产业技术创新战略联盟和特色产业基地等方面都有较大力度的扶持。其中,对总投资在 5 亿元人民币以上或初期投资 1 亿元以上、对战略性新兴产业带动作用大的重大科技成果产业化项目,由财政科技资金给予 2000 万元的经费资助。支持科技孵化器(园区)建设,每孵化成功一家科技型企业,给予科技孵化器(园区)建设单位 20 万元奖励。对企业、科研机构、高等院校及其他投资主体创办的科技企业孵化器,给予专项补助 100 万元。

第三节　国内外海洋生物产业发展的特征分析

从国内外海洋生物产业发展现状及经验总结来看,目前该产业发展呈现出五个典型特征。

一、注重以法律法规和政策来引导海洋生物产业发展

国外海洋生物产业发达国家非常注重以法律法规和政策来引导海洋生物产业的发展。如美国 1972 年颁布实施《海岸带管理法》,此后又颁布了《海洋保护、研究和自然保护法》《2000 海洋法令》等法律法规,积极促进海洋生物产业发展。日本政府制定了一系列的产业政策和法律法规,包括《海洋基本法》《海岸法》等 13 部法律,为海洋生物产业的发展提供了政策保障。韩国出台了《21 世纪海洋水产前景》(1997—2001 年)、《21 世纪海洋政策》等政策,提出了振兴高附加值的海洋科技产业、创建世界领先的海洋服务业等七大推进战略,并于 2010 年提出培养有前景的海洋生物能源等未来产业。新加坡政府把海洋生物医药产业列为推动新加坡经济发展的新引擎和制造业的第四大支柱。此外,挪威也是一个较早制定渔业法规的国家,形成了有关渔业管理一整套的法律法规。

二、以海洋生物产业园为集中布局的载体

从世界范围来看,海洋生物产业发展的一个典型特点就是以产业园区为载体,进行集中布局与集聚发展。有所不同的是美国发展较为成熟的是综合性质的生物产业园,如麻省生物科技园、弗吉尼亚生物科技园等,各种海洋研究机构和公司实体作为海洋生物技术产业研发主体存在于其中。而欧盟和加拿大则在独立海洋生物产业园区建设方面领先于世界,其中的典型园区包括英国欧洲海洋生物技术中心产业园、法国布列塔尼海洋高科技园区和加拿大魁北克海洋创新产业园(参见附件 1 国外典型海洋生物产业园区介绍)等。

从国内来看,我国沿海地区先后建立了一批海洋生物产业园区,其中珠

三角、长三角和环渤海地区是海洋生物产业园建设发展较快的地区。位于珠三角的深圳国家生物产业基地大鹏海洋生物产业园具有典型的代表性。该园区 2009 年正式建立,园区的目标是建设成为海洋生物科技成果转化、企业成长的加速器和海洋生物产业化的聚集地。长三角地区的主要海洋产业园区包括江苏盐城大丰海洋生物产业园、浙江舟山普陀海洋高科技园和浙江玉环海洋高科技园区等。而环渤海地区的主要海洋生物产业园区包括大连现代海洋生物产业示范基地、山东青岛国家海洋生物产业基地、烟台贝尔特海洋生物产业园、胶南蓝色海洋生物产业园和日照海大博远海洋生物产业园等,此外,还有福建的福建诏安金都海洋生物产业园(参见附件 2 国内典型海洋生物产业园区介绍)。

三、以科技研发作为海洋生物产业发展的支撑

海洋生物产业对于海洋生物技术进步及成果转化有着很强的依赖性,纵观世界各地海洋生物产业发展以及海洋生物产业园区建设,海洋生物科技研发均起到基础支撑的作用。

欧洲最著名的海洋生物产业园——英国欧洲海洋生物技术中心产业园本身就是依托海洋生物技术中心建立起来的,其在推动海洋生物技术研究、改善技术转移路径、推进技术创新与产业发展互动等方面,对其他国家和地区海洋生物产业园建设有重要的借鉴意义;法国布列塔尼科技园推崇企业—高等教育机构—研发机构三边优势力量相互支持平衡发展的模式,其发展理念就是将集聚的技术能力转化成产业;加拿大海洋生物产业以"创新依托机构"为中心集聚,此类机构所构造的知识型基础设施(如高等教育机构、职业培训机构和商业联合会等)在加拿大海洋生物技术发展中发挥了独特的作用。美国在海洋开发方面主要集中于高科技领域。为了解决海洋生物科研方面的难题,美国于 1992 年成立了"海洋联盟",有多个海洋机构参与成立,是产学研发展的最早模式,为政府、民企和科研机构三者之间的合作提供了方便。美国每年投资多达 27 亿美元,用于支持海洋生物科技的研发。同时,加强科研机构与企业的合作,调动资源、资金、市场等因素的积极性,提高了海洋生物成果转化的速度。并且建立和完善海洋生物产业技术转让机制,促进海洋生物科研的积极性。日本在税收方面对海洋科技研发的部分经费进行一定的免税,如企业与公立研究机构或公立大学合作研发促进海洋循环经济发展的相关技术时,所发生的研究经费的 15% 从法人税中扣除;对于购置相应研究设备的企业,按价格的一半免税。韩国不断探索海洋生物技术创新研发,为海洋生物产业的发展提供智力支撑,为海洋生物产业的发展提供良好的外部环境,投入大量的资金支持海洋生物科研开发,建设众多科研基地、培育大量海洋生物人才,为海洋生物产业的发展提供物力的支持。挪威建立了众多具有针对性的海洋经济研究所,积极开拓国际市场及注重海洋技术的研发,注重科研成果的商业化和技术转让。新加坡投资 5 亿新币建立了著名的"启奥生物城",汇聚了科研局的 7 个公共生物医药研究机构、5 个国家重点实验室以及生物医药私营企业研究院。

在我国海洋生物产业的建设过程中,海洋科技资源的集聚同样十分明显。如青岛国家生物产业基地集聚了中国海洋大学、中国科学院海洋所、联合国教科文组织中国海洋生物工程中心、国家海洋药物工程技术中心、国家海洋药物中试基地等教学科研机构;深圳大鹏国家生物产业基地集聚了深圳大学、清华大学研究生院和深圳环球生物科技等教学科研机构;福建诏安金都海洋生物产业园集聚了厦门大学、福州大学、国家海洋局第三海洋研究所、福建省医疗检测与医药技术重点实验室等科研机构;烟台海洋生物与医药特色产业基地集聚了中国农业大学烟台分校、烟台大学(设有海洋学院、药学院和生命科学学院)、滨州医学院等 7 家大学机构和中国科学院烟台海岸带研究所等科研院所。

通过整合国内外海洋科技资源,研究开发重点产业的关键技术、共性技术和前瞻性技术,指导和帮助园区实现成果产业化、企业孵化等,已经成为我国海洋生物产业发展的共识。

四、加强金融支持

如美国很早就提出海洋信托基金的构想,用基金的方式实现海洋生物产业的发展。同时强化渔业补贴,为渔船建造等提供贷款支持。早在 20 世纪 20 年代,美国渔业局和私营合作部门就开始通过减免税收、加强银行信贷等方式来资助新型鱼品和鱼类加工技术的研发。日本的政策性融资中规定,投资发展与海洋生物产业相关的基础设施建设可以享受 14%～20% 的税收优惠;同时对海洋科技研发的部分经费进行一定的免税,利用金融支持增加有关海洋生物的存在状况的监测调查。加大对海洋生物产业的信贷投入,积极引导商业银行组织银团贷款,不但加强银行间的合作,且通过分散投资,减少融资风险。此外,银行运用利率杠杆,对重视海洋生物产业发展的相关企业给予政策优惠,对不同的企业采取不同的贷款利率。韩国投入大量的资金支持海洋生物科研开发,建设众多科研基地、培育大量海洋生物人才,为海洋生物产业的发展提供物力支持。挪威拥有良好的私营企业投资系统,通过一定的激励政策,鼓励私营企业投资国有企业的海洋技术开发项目,为研究开发注入新的生命,同时引入监督媒介,也在一定程度上减轻了国家的研究开发经费负担。新加坡生物技术投资有限公司管理资金总额约为12亿新币的生物医药投资基金,以新加坡的生物医药企业为主,对全世界的生物医药公司进行股权投资,形成从资本到产业的真正的良性互动。

五、注重对海洋生物资源的保护

美国始终坚持保护性发展的原则,重视海洋经济发展对海洋和海岸带地区环境造成的破坏,关注气候及环境变化对海洋生物资源产生的不良影响,努力在海洋环境资源管理与经济发展之间达到良性平衡。奥巴马时期强调美国必须基于生态系统来审视其在海洋事物中的利益以及利益相关者的政策,从而确保采取措施的全面性。奥巴马上任后即建立了一个海洋政策工作小组,此小组必须提供相关的政策建议,来确保海岸、海洋及沿海地区的生态系统及资源的健康发展。其职能涉及海洋政策制定,提供相关建议,从多方面来维护美国的海洋利益。日本近年来加大了对海洋资源环境保护的力度,从区域范围看,日本对海洋环境的保护最初从近海海域逐步扩大到远海海域,从海洋生物种类看,逐步增加保护的海洋生物种类,实现海洋生物资源开发与保护的和谐。同时,对于海洋生态环境的监测不断强化,实时监测和监控各种海洋生态指标,实现海洋生物资源良好发展的目标。挪威在海洋经济开发的同时,也非常注重海洋环境的保护。

第四章　浙江海洋经济发展核心区海洋生物产业发展现状

第一节　浙江海洋经济发展核心区海洋生物资源概况

一、宁波市海洋生物资源概况

宁波市海岸线绵长,岛屿众多,海底地形复杂,外侧为舟山海域,更外侧为东海。据调查,宁波市海域总面积为 8232.92 平方千米,大陆海岸线总长约 796.284 千米,500 平方米以上海岛 516 个,岛屿面积 524 平方千米,岛屿岸线长 758 千米。滩涂资源充裕,拥有可围滩涂资源约 140 万亩,占浙江省滩涂总面积的 34%,主要分布在杭州湾、大目洋和三门湾北岸等,围垦开发条件良好。

根据宁波市海洋研究院提供的资料,宁波海域的浮游植物有 197 种,其中硅藻 144 种,甲藻 48 种,主要为多角藻和多甲藻。浮游动物 167 种。潮间带生物有 7 个类群 285 种,其中软体动物 114 种,甲壳类 66 种,多毛类 37 种,藻类 30 种,棘皮动物 5 种,腔肠动物 7 种,鱼类 21 种,其他类 5 种。

游泳生物是海洋捕捞的主要对象。宁波海域共有游泳生物 283 种。其中鱼类 191 种;甲壳类 67 种(其中虾类 39 种、短尾类 28 种);头足类 12 种;其他类 13 种。洄游性鱼类有大黄鱼、小黄鱼、带鱼、鳓鱼、鲳鱼、马鲛鱼、鲐鲹鱼、三疣梭子蟹、仿对虾、乌贼等,这些鱼类集群性强、数量大,洄游季节性明显。大黄鱼、小黄鱼、带鱼、乌贼是传统四大渔产,由于捕捞过度,资源锐减,基础结构发生变化。带鱼、鳓鱼、梭子蟹资源目前也在逐渐减少。

近岸性鱼类多为中小型鱼虾类,种类多、分布广,四季均有。如龙头鱼、梅童鱼、黄鲫、中国毛虾、细螯虾、虾蛄、长臂虾等,是定置张网的主要捕捞对象。它们适应性强,生命周期短,繁殖生长快,世代恢复快,属低营养级资源。

河口性鱼类有鲻梭鱼、鲈鱼、黑鲷、鯮鱼、双斑东方鲀、脊尾白虾等。它们终年生活在含盐量较低的河口区,活动范围小,是海湾、河口、沿海附近小型作业的专捕或兼捕对象。

穴居、底栖和礁石性鱼类有舌鳎、虾虎鱼、石斑鱼、黑鲗、褐菖鲉、青蟹、红螺、管角螺、细角螺、蛸类等。它们匍匐于海底、居住于洞穴或活动于岛礁岩石隙间,迁移性小,除舌鳎、虾虎鱼为广布性外,其他品质较高,是养殖与出口的珍品。但石斑鱼现在因利用过度,资源数量大减。

宁波濒临世界四大渔场之一的东海渔场,渔业资源丰富,自然环境优越,海洋捕捞业历来发达。宁波近岸有灰鳖洋、峙头洋、乱礁洋、大目洋、猫头洋、韭山、渔山7大渔场。

灰鳖洋渔场,位于杭州湾西南侧,北起舟山群岛的火山列岛,西北连王盘洋,西达慈溪、镇海海岸,南承甬江口,东南接金塘水道,东至岱山、长白、金塘等岛,是小型流刺网与张网作业渔场,盛产鮸鱼、毛鲿等大型鱼类。主要渔业生物资源为鮸鱼、毛鲿、鳓鱼、鲳鱼、大黄鱼、鲨鱼、马鲛、海蜇以及虾蟹类等,是传统的鮸鱼、大黄鱼等经济鱼类的产卵场之一。历史上有大黄鱼鱼汛、鮸鱼鱼汛以及海蜇旺汛,目前海蜇资源锐减,难成鱼汛。

峙头洋渔场,西起大猫山、野小猫山,环穿山半岛,东至大蚂蚁岛,西南到梅山岛、佛渡岛北,为流刺网、大捕、张网作业渔场,历来为大黄鱼产卵场之一,主产大黄鱼、鲳鱼、鳓鱼、鮸鱼、海蜇以及虾蟹类。大黄鱼目前资源开发过度,已经枯竭。

乱礁洋渔场,位于象山港口东南侧,北起东屿山,东至韭山列岛北的磨盘洋,南到道人山与泗礁连线,西迄大陆连线。主产大黄鱼、鲳鱼、鮸鱼以及虾蟹等,是大黄鱼产卵地之一,目前大黄鱼资源也不能形成鱼汛。

大目洋渔场,位于象山半岛东侧,西靠大陆岸线,北起象山港、佛渡岛、六横岛与舟山海域相连,东至韭山列岛,南迄檀头山岛与猫头洋分界。主要经济优势种类为大黄鱼、鲳鱼、黄姑鱼、梅童鱼、海鳗、带鱼、梭子蟹、中国毛虾等,是浙江沿海大黄鱼主要产卵地之一以及幼鱼的生长场所,目前大黄鱼资源已不能形成鱼汛。

猫头洋渔场,位于宁波市南端,北起檀头山岛与大目洋连接,东至渔山列岛与渔山渔场相邻,南迄东极列岛。主要捕捞品种为黄鲫、大黄鱼、带鱼、龙头鱼以及虾蟹类等,是浙江沿海大黄鱼主要产卵地之一,也是带鱼、大黄鱼等多种经济鱼类幼鱼的生长场所。

韭山渔场,位于大目洋以东,西连大目洋,北接东、西磨盘洋及洋安渔场,南迄渔山渔场,东为大海。有带鱼、鲳鱼、鳓鱼、大黄鱼、小黄鱼、梅童鱼、龙头鱼、鲚鱼、紫菜以及虾蟹类等。韭山渔场是大黄鱼进入大目洋产卵的通道,历史上是小黄鱼重要捕捞渔场之一,20世纪60年代资源遭到破坏而趋向枯竭。渔场东侧是带鱼捕捞重要渔场和夏秋季带鱼产卵场之一,70年代末至80年代,是长年捕捞带鱼的重要渔场。

渔山渔场,位于象山石浦东南,以渔山列岛南、北渔山得名,北接韭山渔场、南迄大陈渔场,东为大海,西侧为猫头洋、三门湾。主要经济种类有大黄鱼、小黄鱼、带鱼、鲳鱼、鲐鱼、乌贼、沙丁鱼、马鲛鱼、海鳗、鲵鱼、梭子蟹、贻贝以及虾蟹类等,历年来都是大黄鱼、带鱼幼鱼以及多种经济鱼虾类索饵、栖息生长育肥场所。

渔山列岛大部分藻类主要分布于低潮区和潮下带,在高、中潮区藻类分布较少,高、中潮区也有少数几种优势的经济海藻,如紫菜、海萝等。关键性种类有:(1)昆布(见图4.1),俗称吐血菜、鹅掌菜,是渔山列岛的特有种,分布在潮下带到-12米左右的地方。昆布生长周期长,在浅海基本上没有敌害生物破坏。中国的昆布也可以说是全球唯一的一个种类,其多糖具有显著的生物学活性,含量明显高于巨昆布等种类,在韩国已经开发为药物。生长盛期为6—11月,是一种暖温带性的海藻。但是繁殖生物学的研究需要

图4.1　昆布样本

深入与突破,以达到人工完成种群的繁殖,实现人工增殖与育苗。

(2)裙带菜是重要的大型经济海藻,具有很高的食疗价值。裙带菜干品粗蛋白含量为 11.2%,粗脂肪含量为 0.3%,碳水化合物含量约为 37.8%,灰分 18.9%,还含有多种维生素。具有丰富的营养成分和降血压、软化血管等功能。裙带菜在日、韩和朝鲜有着悠久的育苗与增养殖历史,而在中国则是一个较新的养殖种类,现已成为北方沿海大规模栽培生产的重要大型海藻,产量位居海藻的第四位。

(3)坛紫菜是渔山列岛传统的经济海藻,野生菜价格高,生物量大。

韭山列岛海域共调查出舌状蜈蚣藻、孔石莼、鼠尾藻等海藻 56 种,其中经济海藻有 28 种。目前,象山东部海域共调查出大型海藻 92 种。

二、舟山市海洋生物资源概况

舟山市位于浙江省东北部、长江口南端、杭州湾外缘。辖区总面积为 2.22 万平方千米,其中陆域面积 1256.7 平方千米,海域面积 2.09 万平方千米;全市有面积大于 500 平方米的岛屿 1390 个,岛屿岸线总长为 2443.58 千米;潮间带总面积 183.06 平方千米。舟山海域位居长江、钱塘江、甬江三江入海口,水质肥沃,饵料生物丰富,水文环境适宜,加上散布着的上千个大大小小的岛屿,独特的地理和水文环境条件为多种经济鱼类、虾类、蟹类以及各种水生生物繁殖、索饵、生长、越冬提供了栖息地,并造就了我国最大的渔场。

根据《舟山市志》(2016)[①]记载,舟山海域的浮游植物有 91 种,以硅藻类为最多,从浮游植物总量来看,明显高于浙江其他海域,高值区分布在舟山海域的东北部,低值区分布在鼠浪湖岛附近及杭州湾口,且秋季明显大于春季。春季以夜光藻、三角藻、尖刺菱形藻和圆筛藻类为主,其中圆筛藻和夜光藻为优势种,秋季以骨条藻、根管藻、角刺藻和圆筛藻类为主,其中骨条藻占绝对优势。浮游动物有 103 种,浮游动物总平均生物量春季高于秋季,高值区分布在六横岛东南侧和西侧海域,低值区分布在舟山北部海域。底栖生物有 206 种,以多毛类为主,甲壳类次之,其他依次为软体动物、鱼类、棘皮动物等。底栖生物的平均生物量水平分布呈现出由西向东递增的趋势,即马鞍列岛大于中街山列岛大于鼠浪湖岛区大于崎岖列岛。其中,底栖动物中有虾类 33 种、蟹类 55 种,经济价值较高的有葛氏长臂虾、哈氏仿对虾、中华管鞭虾、鹰爪虾、日本对虾、三疣梭子蟹等;腹足类有 115 种,经济价值

---

① 舟山市地方志编纂委员会.舟山市志(1989—2005).北京:商务印书馆,2016.

较高的有单齿螺、角荣螺、脉红螺、疣荔枝螺、泥螺等；瓣鳃类有 98 种,经济价值较高的有毛蚶、厚壳贻贝、褶牡蛎、彩虹明樱蛤、缢蛏等。底栖植物有 131 种,主要有褐藻类 25 种、红藻类 82 种、绿藻类 22 种。

　　鱼类是海洋捕捞的主要对象,据《舟山市志》(1992)[1]记载,舟山海域共有鱼类 365 种,而据赵盛龙等(2006)[2]报道,舟山海域共有鱼类 465 种。俞存根等(2011)[3]根据 2007—2008 年在舟山海域周年四个季度月的拖网定点调查,鉴定出该海域生物种类 313 种。其中以鱼类种类数最多,有 139 种;其次为甲壳类,有 100 种(虾类 35 种、蟹类 43 种、虾蛄类 11 种);第三是头足类,有 25 种,其他种类有 49 种。

　　由于舟山海域常年受到高温高盐的台湾暖流的影响,水温、盐度相对较高,因此,分布在该海域的生物热带性成分极为明显,生物种类以来自南方的暖温性和暖水性种类为主。根据生物的生态习性,可将在舟山海域的生物划分为以下三种生态类群:

　　广温低盐生态类群:主要分布在河口、港湾、岛屿周围的沿岸水域,如凤鲚、棘头梅童鱼、鮸鱼、花鲈、皮氏叫姑鱼、短吻三线舌鳎、安氏白虾、脊尾白虾、细螯虾、鞭腕虾、巨指长臂虾、鲜明鼓虾、锯缘青蟹、日本蟳等。

　　广温广盐生态类群:主要分布在沿岸低盐水和外海高盐水的混合水区,如龙头鱼、日本鳀、黄鲫、大黄鱼、小黄鱼、白姑鱼、带鱼、葛氏长臂虾、中华管鞭虾、哈氏仿对虾、细巧仿对虾、周氏新对虾、鹰爪虾、戴氏赤虾、滑脊等腕虾、口虾蛄、三疣梭子蟹、红星梭子蟹、细点圆趾蟹、日本蟳、双斑蟳、隆线强蟹、日本无针乌贼等。

　　高温广盐生态类群:主要分布在近海,如黄鳍东方鲀、锈斑蟳等。

　　舟山海域渔业资源种类繁多,且绝大多数为洄游性种类。根据不同种类分布海域和出现季节不同,形成了众多优良渔场和生产鱼汛,如大戢渔场、洋山渔场、嵊山渔场、浪岗渔场、岱衢渔场、黄泽渔场、黄大洋渔场、中街山渔场、洋鞍渔场、金塘渔场等。

　　大戢渔场,以大戢山岛为中心,西与上海南汇海域相接,北至长江口铜沙海域,毗邻小戢山、小洋山、大洋山,南至马迹山海域,东临鸡骨礁、北鼎星海域,渔场面积约 1600 平方千米。过去,大戢渔场是洋山大黄鱼渔场的一

---

①　舟山市地方志编纂委员会.舟山市志.杭州:浙江人民出版社,1992.

②　俞存根,等.舟山渔场渔业生态学.北京:科学出版社,2011.

③　赵盛龙,钟俊生.舟山海域鱼类原色图谱.杭州:浙江科学技术出版社,2006.

部分,在 20 世纪初至五六十年代,一直是舟山、宁波、台州、温州和苏州、松江渔船、渔民捕捞大黄鱼的重要作业渔场,大黄鱼捕捞作业曾经繁盛一时,至 70 年代中期,由于中央渔场的大黄鱼越冬群体资源被破坏,大戢渔场的大黄鱼汛因而也不复存在。

洋山渔场,由大戢洋、王盘洋组成,总面积约 5600 平方千米,其中大戢洋约 1600 平方千米,王盘洋约 4000 平方千米,与上海崇明、南汇、金山、奉贤海域及浙江平湖海域以及舟山渔场域内灰鳖洋、岱衢洋、黄泽洋与嵊山洋相连,渔场内分布有小洋山、大洋山、滩浒山、王盘山、斗牛山及大戢山、小戢山等大岛小屿。洋山渔场为至今发现的历史文献记载中最早的渔场,历史上盛产大黄鱼,同时该渔场的开发利用,对整个舟山渔场的大规模的开发利用曾起到了重要的先导作用。

嵊山渔场,根据《嵊泗县地名志》(1990)记载,嵊山渔场范围为:东至海礁的南岳礁以东 23 千米,西至西绿华岛、枸杞山岛一线,南至浪岗山列岛南、东南 3.5~17 千米,北至花鸟山北、东北 34~42 千米。另据《浙江省水产志》(1999)报道,嵊山渔场的范围为:北至佘山洋,南至浪岗,东连舟外渔场,西至嵊泗列岛,渔场面积为 8050 平方千米。嵊山渔场南接中街山渔场,北濒佘山洋,与岱衢渔场一水相连。历史上,嵊山渔场曾与黄海的石岛渔场和南海的万山渔场一起,被称为中国三大著名渔场。嵊山渔场也是开发较早的渔场之一,是浙东沿海的镇海、奉化、海宁、象山和温州、台州等地渔船以及福建、广东、苏州、松江渔船的重要作业渔场。福建、广东的东莞渔船以钓捕作业占多数,网捕作业占少数;江苏渔船以张网、大捕为主,本地渔船则以小对船捕捞和在潮间带采集贝藻类为主。

自 20 世纪 50 年代以来,随着科学技术进步,人们对海洋渔业资源开发利用的能力大大提高,嵊山渔场的开发生产规模也因此得到空前的扩张,尤其是捕捞强度和渔获量急速增长,从而使嵊山渔场在 50 年代中后期至 80 年代初期的一个较长时期内,一直保持了"万艘渔船汇嵊山,十万渔民大会战"的空前绝后的盛况,嵊山渔场带鱼汛成为我国渔业资源基础稳定,生产规模最大的一个鱼汛,历史上,嵊山渔场带鱼最高日产量为 5500t(1959 年 12 月 23 日),最高汛产量为 $29.47×104t$(1972 年),占当年冬季东海带鱼产量的 91.5%,刷新了冬季嵊山渔场带鱼产量的最高历史纪录。

但是,由于无节制扩增捕捞强度以及海洋污染等因素,嵊山渔场的渔业资源基础及良好的生态环境遭到破坏,到 20 世纪 80 年代后,嵊山渔场的渔业资源出现快速衰退现象,不仅小黄鱼汛、大黄鱼汛和墨鱼汛相继消亡,就是号称全国第一大鱼汛的带鱼汛,也出现旺汛不旺、鱼汛不明显,渔获物明显呈低龄化、小型化。如今,连原本仅作为兼捕对象的小宗经济种类鲳鱼、海鳗、马鲛鱼及鳓鱼及三疣梭子蟹、虾等,也日益呈衰退现象,著名的嵊山渔场已名存实亡,正面临着严峻挑战。

浪岗渔场,位处嵊山渔场范围内,北临嵊山渔场,南连中街山渔场,东接舟外渔场,西至乌礁海域,因其位处以浪岗山列岛为中心的海域而得其名,并因浪岗山海域渔产丰富,又具有能让生产渔船靠泊抵御风浪的良好海湾,而独立将其作为一个渔场,备受人们关注,在舟山渔场的捕捞作业历史上具有重要地位。主要生产鱼类为带鱼,同时还有小黄鱼等。

岱衢渔场,又名衢港、南港,渔场北起大、小洋山,南到高亭、长涂,西临杭州湾口,东至三星列岛,与最早开发利用的洋山海域互为近邻,面积为3430平方千米。主产大黄鱼、鲳鱼、鳓鱼、海蜇等,历史上曾以盛产岱衢族大黄鱼,形成著名的岱衢洋夏季大黄鱼汛而闻名,素有"门前一港金"之称,在舟山渔场开发利用及浙江当代渔业发展史上曾一度辉煌。但是,由于在20世纪50年代中后期及60年代中期出现两次大规模大黄鱼敲罟作业,导致大黄鱼资源被严重破坏,再加上70年代初对进港产卵大黄鱼的酷渔滥捕,尤其是自1974年起连续几年对"中央渔场"越冬场的大黄鱼进行毁灭性捕捞后,使岱衢渔场的大黄鱼资源基础彻底遭受破坏,70年代中期以后,夏季岱衢渔场的大黄鱼已不复存在,如今,岱衢渔场的大黄鱼已几乎绝迹。

黄泽渔场,位处衢山海域与嵊泗海域之间,渔场东接浪岗洋面,南邻岱衢洋,西北靠大戢洋,面积达1274平方千米。与岱衢渔场的俗称"南港"相对应,黄泽渔场俗称北港。在岱山流传有"前门一港金,后门一港银"的渔谣,说的是"南港"岱衢盛产金灿灿的大黄鱼,"北港"黄泽洋除了产大黄鱼,同时又盛产银闪闪的鲳鱼。

黄大洋渔场,位于大长涂岛与舟山本岛海域之间,渔场东临中街山渔场,西至秀山岛海域,南接普陀莲花洋,北连岱衢洋,面积约631平方千米。黄大洋渔场开发与黄泽渔场基本同步。生产鱼类有鲳鱼、鳓鱼,大西寨以东一带海域还曾盛产墨鱼。20世纪70年代以后上述渔业资源逐渐衰退。

中街山渔场,俗称甩山渔场,渔场北起浪岗,南至洋鞍渔场,东接舟外渔场,西临岱衢渔场,面积达1372平方千米。渔场内分布有青滨、黄兴、庙子湖、东福山里甩山和外甩山岛。中街山渔场与嵊山渔场和岱衢渔场一样,为舟山传统渔场,历史上主产乌贼、带鱼、小黄鱼、鳓鱼,尤以盛产日本无针乌贼而著名。

20世纪70年代中期起,乌贼拖船又从小木帆船改为小型机帆船,作业范围扩大,捕捞强度扩张,并且原本用来捕带鱼的大中型对网作业,也加入捕捞乌贼作业,生产季节也从过去仅仅夏汛捕,延长到冬汛也捕,加上海底产卵场生态环境破坏,导致乌贼资源锐减,80年代以后,中街山渔场的乌贼汛也基本消失。

洋鞍渔场,位处舟山渔场南部海域。该渔场以外洋鞍岛为中心,北连中街山渔场,南接韭山渔场,东至舟外渔场,西邻朱家尖岛、桃花岛海域。渔场面积达5505平方千米。生产主要鱼类有带鱼、小黄鱼、鲐鲹鱼。早期的洋鞍渔场开发利用与中街山渔场基本同步。到20世纪50年代初至80年代前期,随着整个舟山渔场捕捞作业范围不断扩展,洋鞍渔场也得到进一步开发。尤其是五六十年代至80年代初,每逢冬季带鱼生产旺汛,洋鞍渔场经常与浪岗、海礁、花鸟东北部等海域一起形成带鱼旺发渔场。

金塘渔场,也称灰鳖洋渔场,位处杭州湾口海面上,渔场东起双合山至长白山岛海域,西连七姊八妹列岛,近浙东余姚、慈溪大陆海岸;南临宁波甬江入海口,接定海金塘海域,北起火山列岛海域,西北连嵊泗王盘洋。渔场面积约1281平方千米。金塘渔场生产主要鱼类有鲳鱼、鳓鱼、马鲛鱼、鮸鱼及海蜇等。20世纪70年代前,每年6—8月,定海、岱山等地渔民汇集金塘渔场生产。主要作业方式为小型流网和张网。

根据前人研究及有关史料记载,舟山海域常见且经济价值较高的鱼类、虾类、蟹类、头足类及海蜇等有100多种,历史上渔获量最高的是小黄鱼、大黄鱼、墨鱼和带鱼,俗称舟山渔场四大传统经济鱼类,其他还有鲳鱼、鳓鱼、马鲛鱼、海鳗和虾、蟹、海蜇等。但是,由于酷渔滥捕,舟山渔场丰富的渔业资源在20世纪50—60年代的短短10多年时间里,就惨遭破坏。根据俞存根等(2011)[①]调查结果,舟山海域的渔获物组成中,群体数量较大,经济价值较高的种类有鱼类的日本红娘鱼、海鳗、黑鮟鱇、小黄鱼、短吻舌鳎、棘头梅童鱼、刺鲳、龙头鱼;蟹类的细点圆趾蟹、三疣梭子蟹、日本蟳;虾类的葛氏长臂虾、鹰爪虾、中华管鞭虾、戴氏赤虾、细巧仿对虾、哈氏仿对虾、脊腹褐虾、须赤虾、日本鼓虾、日本囊对虾;虾蛄的口虾蛄;头足类的长蛸、短蛸等。与成庆泰等(1964)调查结果相比,优势种类组成已从60年代初的孔鳐、赤魟、鳓鱼、黄鲫、龙头鱼、海鳗、大黄鱼、小黄鱼、棘头梅童鱼、皮氏叫姑鱼、黑姑鱼、白姑鱼、鮸、带鱼、银鲳、褐斑三线舌鳎、宽体舌鳎等17种演变为现在的

---

① 俞存根,等.舟山渔场渔业生态学.北京:科学出版社,2011.

日本红娘鱼、绿鳍鱼、六丝矛尾虾虎鱼、细条天竺鱼、海鳗、黑鮟鱇、星康吉鳗、小黄鱼、前肛鳗、短吻舌鳎、棘头梅童鱼、刺鲳、龙头鱼、多棘腔吻鳕、褐斑三线舌鳎、角木叶鲽等 16 种。

如今,舟山海域渔获物组成小型化、低龄化、低值化明显,主要经济鱼类产量下降,渔获物种类的营养层次趋低,种群结构明显恶化。其中,资源数量处于严重衰退的有大黄鱼、绿鳍马面鲀、日本无针乌贼等;资源数量保持相对稳定的有带鱼、虾类、蟹类、马鲛鱼、鳓鱼;呈增长(或恢复性)趋势的主要有小黄鱼、鲳鱼、鲐鱼、蓝圆鲹以及一些底杂鱼类,如棘头梅童鱼、黄姑鱼、白姑鱼、刺鲳、鳀类、鲆鲽类等。

另据 2015—2016 年调查资料,在渔获物组成中,具有商业利用价值的种类主要有三疣梭子蟹、龙头鱼、口虾蛄、六指马鲅、鮸鱼、棘头梅童鱼、凤鲚、刀鲚、哈氏仿对虾、小黄鱼、中华管鞭虾、细巧仿对虾、日本蟳等。调查所得的优势种仅为秋季龙头鱼 1 种;捕获的种类大多为小型低值鱼类,说明由于过度捕捞等原因,舟山海域的渔业生物群落结构已经发生了极大的变化,传统的主要经济种类资源都已严重衰退,取而代之的是经济价值低、个体小的低值鱼类以及虾蟹类等。

第二节　浙江海洋经济发展核心区海洋生物产业发展现状

一、宁波市的海洋生物产业发展基础

宁波作为海洋大市,水产品加工、海洋生物育种及水产养殖、远洋捕捞及海洋水产品贸易等较为发达,具备发展海洋生物产业的良好基础。宁波海洋战略性新兴产业欲实现"两大领域、四大产业板块、两大协同平台、两大孵化基地"发展格局。海洋生物产业为两大明确发展领域之一,在这一领域重点打造海洋生物功能食品、海洋生物制品材料两大产业板块,打造一批具有市场竞争力的海洋生物功能食品拳头和品牌产品,实现海洋生物制品制备技术集成创新。

(一)海洋生物相关产业发展现状

截至 2015 年年底,宁波全市共有水产品加工企业 347 个,其中规上企业 65 家,水产加工能力 41.7 万吨/年,水产冷库 341 座,海洋水产加工产值

74.55 亿元,海洋生物医药产值 18.49 亿元①。与海洋生物产业有关的海洋
生物科技、海洋水产品贸易、水产饲料、海洋生物育种及水产养殖等主要集
聚于象山县、宁海县和江北区。象山县的海洋渔业资源丰富,历来是宁波市
的渔业大县,其海洋机动渔船占宁波市总数的一半以上,宁海县建有宁波市
生物产业园,而江北区则为较多远洋渔业企业所在地。宁波市海洋生物龙
头企业的基本情况如表 4.1 所示。

表 4.1 2016 年宁波市海洋生物企业

所属行业	企业名称	企业所在地
水产品精深加工	宁波飞日水产实业有限公司	象山县
	宁波远大海洋生物科技有限公司	象山县
	宁波佳必可食品有限公司	北仑区
	宁波裕天海洋生物科技有限公司	象山县
	宁波海裕渔业有限公司	江北区
	宁波今日食品有限公司	奉化区
	宁波飞润海洋生物科技有限公司	象山县
	宁波远通海外渔业有限公司	江北区
	象山红升水产养殖有限公司	象山县
	宁海盛宁水产有限公司	宁海县
海洋生物科技	宁波超星海洋生物制品有限公司	象山县
	康麦斯(宁波)生物工程有限公司	北仑区
	三生(中国)健康产业有限公司	鄞州区
	宁波人健医药化工有限公司	慈溪市
	宁波立华制药有限公司	鄞州区
	宁波大昌药业有限公司	奉化区
	宁波泰康红豆杉生物工程有限公司	高新区
	宁波美康生物科技股份有限公司	鄞州区
	宁波绿之健药业有限公司	奉化区
	宁波海硕生物科技有限公司	象山县

① 2015 宁波市海洋统计公报。

所属行业	企业名称	企业所在地
海洋生物科技	宁波红龙生物科技有限公司	象山县
	宁波希诺亚海洋生物科技公司	象山县
	宁波江南胶囊有限公司	鄞州区
	象山旭文海藻开发有限公司	象山县
水产饲料	宁波向海生物科技有限公司	象山县
	象山超星水产饲料有限公司	象山县
	象山鱼得水水产有限公司	象山县
	象山鑫亿水产有限公司	象山县
	象山蓝尚海洋科技有限公司	象山县
	宁波弘鑫水产有限公司	象山县
	宁海县盛茂水产养殖有限公司	宁海县
	双盘涂水产养殖有限公司	宁海县
	宁波象山港水产引种育种有限公司	象山县
远洋渔业	宁波欧亚远洋渔业有限公司	象山县
	宁波海丰远洋渔业有限公司	江北区
	宁波海之星远洋渔业有限公司	宁波市
	宁波联合远洋渔业有限公司	江北区
	宁波甬发远洋股份有限公司	江北区
	宁波千联远洋渔业有限公司	宁波市

　　水产加工业历来是宁波象山石浦镇重要的支柱产业。目前这里已经集聚了宁波飞日水产实业有限公司、宁波远大海洋生物科技有限公司等一批具有较高知名度的水产品精深加工企业。长期以来,象山石浦水产加工主要集中于冷冻鱼糜、冻鱼片以及鱼粉、鱼油等粗加工领域,但近年来水产品加工业开始向价值链高端延伸,部分加工企业成功开发出了鱼精、鱼露、味之素、海鲜酱油等海鲜调味品,以及深海鱼油、深海鱼氨基酸、有机液肥等精深加工产品,此外鱼罐头、海洋休闲食品等具有较高附加值产品的市场竞争力也不断提升。2014年年底,象山的水产企业又实现了东海特产——乌参的产业化生产,开发出海参胶原蛋白、海参胶原蛋白固体饮料和即食海参等

系列产品。依靠技术创新推动水产品加工向精深化方向发展,以及进一步开拓低值水产品高值化利用,贝类藻类、废弃物等加工领域将成为产业的未来发展方向。

依托现代海洋生物技术及其成果转化发展起来的典型海洋生物企业目前在宁波依然较少。其中宁波超星海洋生物制品有限公司和宁波人健医药化工有限公司及宁波美康生物有限公司具有一定的代表性,已逐步成长为具有一定行业影响力的区域海洋生物企业。超星公司主要从事调味品生产和生物制品研制开发,公司产品涉及海洋化妆品、海鲜调味品、海洋健康食品、水产饲料、酶制剂等,部分广泛应用于医药、化妆品、保健品和食品调味等领域;人健公司是一家专业从事生物制药、化学合成中间体、原料药及制剂生产的高科技企业,公司产品90%以上销往欧美、日本、东南亚等国家和地区。美康生物是一家集生物科技产品研发、生产、销售及服务为一体的国家级重点高新技术企业,主要生产体外生化诊断试剂、仪器及独立第三方医学诊断服务,涵盖肾功能、肝功能、血脂、心血管、风湿、糖尿病等11类生化检测项目。除此之外,宁波立华制药有限公司、宁波裕天海洋生物科技有限公司、宁波红龙生物科技有限公司、康麦斯(宁波)生物工程有限公司、宁波泰康红豆杉生物工程有限公司、宁波希诺亚海洋生物科技有限公司、象山旭文海藻公司等一批具有广阔发展前景的海洋生物科技型企业也展现出良好的发展态势。

在海洋生物育种和水产养殖方面,宁波已经具备良好的发展基础。集聚了宁波海洋与渔业研究院、宁波海洋开发研究院、宁波大学海洋学院、浙江万里学院、宁波诺丁汉大学国际海洋经济技术研究院、浙江医药高等专科学校等科研院所及象山鱼得水水产有限公司、宁波象山港水产引种育种有限公司、象山港湾育苗公司等一批科研院所和企业。其中,依托象山港水产苗种有限公司建立的"林浩然院士工作站"是一家以水产种业为主的农渔业院士工作站,在优质水产良种培育、海水鱼类主要病害防治等领域,为宁波海洋生物育种及健康养殖提供有力技术支持。

在海洋生物医药方面,宁波绿之健药业有限公司从虾蟹壳中提取高纯度盐酸氨基葡萄糖原料,年产300吨深海保健品,产品质量全部达到欧美药典标准,2015年销售额超过1亿元。宁波美康生物科技股份有限公司采用海洋岩藻多糖为原料,建成年产3000升(1000万人份)的α-岩藻糖苷酶诊断试剂盒生产线,获得国际医疗器械注册证,销售额超过千万元。宁波超星海洋生物制品有限公司从鱿鱼墨囊中提取了一种抗肿瘤药物的重要原材料——鱿鱼墨汁多糖，并获得国家发明专利。

（二）宁波市海洋生物科技研发现状

自 2012 年宁波市被选为首批海洋经济试点市以来，国家海洋局和财政部批拨宁波市示范专项资金 3.67 亿元，批复了包括海洋生物医药在内的海洋经济创新区域专项示范项目 42 个。到 2016 年年底，已经有 21 个重大项目通过验收，核定下拨中央财政补助资金 2.2 亿元，并实现了产业化。2015 年年底，宁波海洋研究院正式组建，先后设置了海洋资源与环境部、海洋药物与生物制品部等部门，重点开展海洋生物和药物开发利用。其中，在海洋生物医药研究方面，研究院主持了联合国开发署"水产品加工废弃制备生物表面活性剂技术"、便携式快速基因检测系统研发等项目，助力海洋生物产业开发。

1. 产业平台。目前，尽管宁波在海洋生物技术研发上仍处于相对较低的水平，但近年来在海洋生物科技研发条件、研发能力上却有十分明显的进步。目前，宁波集聚了宁波海洋与渔业研究院、宁波大学海洋学院、宁波诺丁汉大学国际海洋经济技术研究院、浙江万里学院、浙江医药高等专科学校等科研院所。此外，宁波超星海洋生物制品有限公司、宁波人健医药化工有限公司及美康生物科技有限公司的研发中心均为"省级高新技术研发中心"。同时，美康生物科技有限公司还拥有院士工作站、国家级博士后科研工作站、宁波市企业研究院等科研平台（详见表 4.2）。

表 4.2　宁波市主要科研机构及实力

科研机构	研究领域及成果	省级以上科研平台
宁波大学	获国家科技进步二等奖 3 项，省级科技一等奖 2 项，其他省部级科研成果奖 12 项；多项成果达到国际先进、国内领先水平；获得国家授权发明专利 32 项、授权国家专利 36 项；转让或被采用科研成果 18 项，产生的经济和社会效益达 5000 万元以上/年。拥有宁波市"健康食品与海洋药物"重点实验室及宁波市水产养殖种质资源库等一系列高层次学科平台，同时也是全国科技兴海技术转移中心、生物芯片北京国家工程研究中心海洋生物分中心。2016 年海洋生物医药创新引智基地（111 计划）获国家外专局批准。2016 年与美国加州大学圣地亚哥分校 Scripps 海洋研究所签署协议，联手在梅山打造国内首个集科研和教学为一体的海洋生物医学联合体——国际海洋生物医药研究中心	教育部"应用海洋生物技术"重点实验室、国家发改委"海洋生物技术与工程"国家地方联合实验室、浙江省"海洋生物工程"重点实验室

续表

科研机构	研究领域及成果	省级以上科研平台
诺丁汉大学	围绕先进材料、港口物流与服务、海洋产品、可持续海洋环境管理四大主题,开展具有国际竞争力的创新应用技术研究,推动海洋高技术的发展。同时,通过有效的商业合作与技术转移,拓宽科研创新平台与国内外合作网络,成立衍生公司,与100家以上国内外企业紧密合作,共同推进知识交流和技术转移。此外,在象山临港重装备产业园将设立海洋新兴产业基地,作为研究院的科技转化基地,促进海洋科技成果产业化	
浙江万里学院	宁波市食品加工技术和宁波市微生物与环境工程重点实验室	生物技术国家级实验教学示范中心、浙江省重中之重学科"生物工程"实验室、浙江省水产种质资源高效利用技术研究重点实验室、浙江省水产品加工技术研究联合重点实验室、浙江省果蔬保鲜与加工技术研究联合重点实验室
浙江医药高等专科学校	2012年设立了宁波市唯一一家功能食品研究所。以水产、畜禽研究为重点,致力于当地特色新资源功能因子的开发利用和传统食品的改造、提升	"浙江省生物技术制药工程"重点实验室
宁波超星海洋生物制品有限公司	利用水产加工废弃物及高蛋白废水提取氨基酸生产海鲜调味品,利用鱿鱼内脏发酵生产水产饲料诱食剂、宠物食品、生物培养剂、海洋生物制品等	水产品深加工技术省级高新技术研发中心

2. 制度建设。宁波海洋产业发展的制度建设成绩卓著。为了推动和保障全市海洋新兴产业的健康快速发展,宁波早在2007年就制定了《宁波市海洋经济发展规划》,之后不断进行完善。在海洋新兴产业教育、人才、产业基地建设等方面出台了多项政策,对宁波海洋新兴产业的发展起到了切实的推动作用。

3. 人才培养和引进。在人才培育与引进方面,宁波现拥有涉海人才2000余名,高级职称以上人才300名左右。在海洋教育方面,宁波现有涉海高校5所,涉海专业18个,宁波大学有航海技术、水产养殖等8个涉海省重点学科。宁波还积极引进高素质海洋人才,自 2011 年实施"3315 计划"以来,已经引进人才 227 名、团队 57 个。

4. 海洋生物科技成果转化。宁波市通过各种产业园科技园和宁波市海洋研究院等平台打造海洋生物产业孵化器和加速器,积极推进海洋生物科技成果转化。近年来在海洋生物领域也孵化和培育了一批科技型企业,部分海洋生物科技型企业在某些领域取得较大突破,并在实现海洋生物技术的应用和产业化方面积累了经验。"十二五"期间,宁波台恒水产公司石斑鱼工厂化养殖、超星公司鱿鱼蛋白肽水产饲料研制、中国供销集团海洋生物工程研发及产业化、象山县农投公司水产种苗园区、超星公司的新型海洋生物制品工程研发中心平台项目、象山鱼得水水产有限公司年产 1200 吨海水名贵鱼类低碳循环水养殖产业化示范项目、象山红升水产养殖有限公司年产 800 吨海珍品高效节能低污循环水健康养殖产业化示范项目、宁波鑫亿鲜活水产有限公司三疣梭子蟹集约式智能化循环水养殖示范项目共 8 个海洋生物类项目列入国家海洋经济创新发展区域示范。宁波超星海洋生物制品有限公司从鱿鱼墨囊中提取出了一种抗肿瘤药物重要原材料——鱿鱼墨汁多糖,并获得了国家发明专利授权,从而夺取了国内在海洋生物医药领域的先机。超星水产饲料有限公司依托国家级新型海洋生物研发中心开发"海黄金",从海产品中提取营养物质,广泛应用于术后恢复保健,目前该产品已向多家综合医院推广,销售额已达 1000 多万元。裕天海洋生物从海鱼体内提取优质蛋白,经过现代酶解工艺,进一步调配成适合于海鲜的蘸酱油。宁波红龙生物科技有限公司进行雨生红球藻养殖、天然虾青素萃取及其高端产品研究与开发,是国内天然虾青素行业领军企业之一,目前,公司产品广泛应用于营养补充剂和食品着色,产品通过 HACCP 体系认证,公司自身研发的天然虾青素软胶囊和天然虾青素精华液等产品工艺和质量位于国际先进水平。

(三)海洋生物产业链

海洋生物制品方面,目前有各龙头企业牵头搭建的三条产业链:

1. 宁波江南胶囊有限公司牵头搭建的"基于羊栖菜高硫基多糖和岩藻黄质的食药用产品产业链",旨在分离制备高纯度羊栖菜高硫基多糖和岩藻黄质,并实现规模化生产。

2. 宁波向海生物科技有限公司牵头搭建的"年产万吨安全高效海洋生物饲料酶制剂产业链",采用半固体自动发酵技术生产,保证高活性中性蛋

白酶和 β-甘露聚糖酶的高产稳产,降低生产成本,为实现高效特异性水产饲料酶工厂化发酵工艺奠定基础。

3. 宁波美康生物科技股份有限公司牵头的"基于海洋生物抗菌肽体外诊断试剂产品开发及产业链",克隆筛选出 10 种以上广谱、高效并且适合重组表达的抗菌肽。利用生物发酵技术,进行抗菌肽的发酵表达,组织抗菌肽的中试放大及其产业化生产。

海洋生物食品方面,由龙头企业牵头搭建了四条产业链:

1. 宁波裕天海洋生物科技有限公司牵头构建的"基于海洋鱼类生物资源的蛋白质及活性肽功能食品产业链"。

2. 三生健康产业有限公司牵头的"海洋低聚肽功能食品产业链",旨在筛选针对不同海洋生物蛋白的专用符合蛋白酶,开发低聚肽高产出的酶解工艺,分离纯化得到特定功能低聚肽段。

3. 宁波超星海洋生物制品有限公司牵头的"基于东海乌参生物资源的多糖及胶原蛋白功能性食品产业链",旨在建立国际先进的东海乌参体表污垢层重金属拖出技术及无害化处理技术。

4. 宁波今日食品有限公司牵头的"基于金枪鱼生物资源的多肽及 EPA 功能食品产业链",以金枪鱼鱼皮或碎鱼肉为原料,经预处理去杂、脱脂,集成符合生物酶解、脱色、膜分离等技术,将金枪鱼鱼皮或鱼肉选择性降解成低分子量水溶性提取液,再经过降膜浓缩、喷雾干燥可得水溶性胶原蛋白肽,活性肽分子量在 10000 道尔顿以下。

二、舟山市海洋生物产业发展基础

舟山作为中国唯一的海岛地级市,是海洋大市,水产品加工、海洋生物育种及水产养殖、远洋捕捞及海洋水产品贸易等发达,具备发展海洋生物产业的良好基础。

(一)海洋生物相关产业发展现状

2015 年,舟山市水产加工业 390 家,加工各类水产品 73.3 万吨,实现产值 264 亿元左右,其中规模以上企业 76 家,产值上亿企业 51 家,上 5 亿企业 4 家,超 10 亿企业 1 家。全市水产品精深加工企业 67 家。国家农业龙头企业 3 家,省级农业龙头企业 27 家。2016 年全市拥有远洋资格企业 35 家,全市远洋产量占全国远洋渔业总产量 20% 以上,占浙江省的 80% 以上。出口各类水产品 22.5 万吨,出口额 8.5 亿美元,水产品精深加工产品近 30 万吨,精深加工产品比重为 40%。全市拥有冷库 300 多座,日速冻能力 53600

多吨,次冷藏能力 30 多万吨。拥有海洋生物、海水产品深加工等各种现代生产线 300 余条,年加工能力 100 万吨,占全省加工能力的 40.1%。2016年,舟山市规模以上水产加工业实现产值达到 200.5 亿元,同比增长 9.2%。

　　1.主要海洋生物产品。舟山海洋生物产品主要包括:(1)水产加工食品,包括鱼片、鱿鱼制品、鱼油提炼、湿法鱼粉、虾仁、水产罐头、鱼糜制品、冷冻小包装、各种风味休闲食品、水产干、腌制品、烤鳗、烤虾、海洋模拟食品、配制食品及方便食品等。(2)利用生物化学和酶化学技术从低值水产品和加工废弃物中研制出一大批综合利用产品,如甲壳素、壳聚糖、透明质酸、胶原蛋白肽等。(3)精深加工产品,如海洋生物药物、保健品、化妆品等,尤其是在海洋生物制品(药物)方面,以分离筛选海洋生物活性物质为重点,并在此基础上进一步开发药品、功能食品等产品,同时进行药用海洋生物功能基因组,特别是药用功能基因的研究与开发,开发出一批具有重要药用价值的生物活性物质,以及完整的现代生化提取分离技术,加快海洋生物医药产品的产业化进程。主要产品有多烯康、氨糖美辛片、角鲨烯、贝特令、鱼胶蛋白、海洋系列肽、海墨止血片、海藻酸钠、精碘、三七透骨酊、金贻贝胶囊、海藻胶等。

　　2.海洋生物产业发展现状。从海洋生物的代表产业——海洋生物医药产业来看,舟山市海洋生物医药产业总体规模较小,但是已经形成数家拥有主导产品并具有明显特色的骨干企业。目前,全市共有海洋生物医药企业23 家,其中规模以上企业 7 家,2016 年实现产值 30 亿元。主要企业包括浙江兴业集团、中国(舟山)海洋渔业总公司、海力生集团、富丹水产等。目前,以兴业集团和海力生集团为主的海洋生物医药企业,已开发出胶原蛋白、多肽系列,鲨烯系列、鱿鱼、虾、蟹、鱼类制品等六大类 1000 多个品种,涉及海洋保健品、海洋医药产品、海洋功能食品、海洋化妆品,生产规模和产值在国内同行业中已处于前茅,年产值超 10 亿元,成为舟山工业企业的领头羊。"海力生"商标为中国驰名商标。兴业集团开发的精制深海鱼油系列产品已经规模化生产,并形成了不同规模的中间产品和终端产品,加工技术和产品质量处于国内领先地位,公司还利用水产品下脚料开发了高效生物诱食剂。普陀新兴医药化工公司和舟花生物科技生产氨基葡萄糖盐酸盐和壳聚糖等甲壳素中间体产品。还有一些企业利用微生物与发酵工程、分离技术、酶工程技术等对水产加工废弃物进行综合利用,如嵊泗县引进海水淡化工程中的反渗透技术成功加工贻贝废弃液,舟山市丰宇海洋生物制品有限公司运用多种技术从水产品加工废水中提取鱼蛋溶浆作为饲料添加剂使用并进行生产性开发等,既拓展了海洋鱼贝类加工开发的途径,又实现了加工副产物的高值化开发与有效利用,还解决了废水处理和污染问题,保护了海洋生态环境,市场前景广阔。

3.产品综合品牌。2008年,中国渔业协会正式授予舟山市"中国渔都"称号;2009年,"舟山带鱼""舟山大黄鱼""舟山三疣梭子蟹"获得国家地理标志证明商标。2011年,"舟山海鲜"获得浙江省区域名牌称号。至2015年年底,舟山有浙江省名牌产品21个,浙江省著名商标30个,部分水产加工企业已经在国内外经营建立自主品牌,在国内建立了"舟山海鲜"专卖店或者自主品牌专卖店300多家,很大程度上提升了"舟山海水产品"区域品牌的知名度。其中舟山带鱼价格上升50%,舟山大黄鱼、舟山三疣梭子蟹价格上升30%。中国农产品区域公用品牌价值评估课题组对"舟山带鱼、舟山大黄鱼、舟山三疣梭子蟹"进行价值评估,目前评估价值分别为22.14亿元、2.49亿元和7.26亿元。

4.海洋生物产业布局。舟山各县(区)充分利用港口和区位优势,在海洋生物产业发展上已形成比较明显的区域特色。目前,已经形成了沈家门—勾山、展茅、西码头、高亭、嵊山等五个产业集聚区,产业特色明显,集聚效果突出。普陀沈家门海洋生物园区、勾山海洋生物园区形成了以海洋生物与海水产品深加工为主,并且集技术研发、市场贸易、交通物流于一体的加工园区;普陀展茅工业园区形成了鱿鱼、休闲食品和综合利用集聚区,定海干览水产品加工园区和远洋渔业基地在鱿鱼、虾制品精深加工上已具有明显的加工优势和加工规模;岱山高亭一带已形成以小黄鱼、青占鱼为主导的鱼制品系列水产加工集聚区;嵊泗枸杞—嵊山已形成以贻贝养殖、加工及综合利用为特色的水产加工企业集聚区。2011年年底,舟山市在舟山经济开发区新港区块开始建设舟山海洋生物医药产业园,明确了海洋生物医药产业发展的总体空间布局,力图打造以新型海洋生物制品、海洋生物创新医药、新型海洋生物材料等为主导的专业特色园区。目前,浙江海力生集团的海洋生物、制药项目和海中洲药业的GMP药厂项目等已入驻并开始动工建设。随着园区基础设施的建设和今后有关企业的引进,该产业园区将成为舟山市主要的海洋生物医药产业集聚地。同时各区域也涌现出一批有相当实力的海洋生物生产企业。舟山市海洋生物龙头企业的基本情况如表4.3所示。

表 4.3 2016 年舟山市海洋生物龙头企业

所属行业	企业名称	企业所在地
水产品精深加工	浙江兴业集团有限公司	普陀区
	浙江渔婆婆食品有限公司	普陀区
	浙江恒安水产食品有限公司	定海区
	舟山市西峰水产有限公司	定海区
	嵊泗凯泰水产品有限公司	嵊泗县
	浙江正龙食品有限公司	定海区
	舟山市千岛水产有限公司	岱山县
	舟山市明峰海洋食品有限公司	普陀区
	舟山市瀛洲海洋食品有限公司	定海区
	舟山佳必可食品有限公司	普陀区
	舟山可得喜海洋食品科技有限公司	定海区
	浙江大洋兴和食品有限公司	定海区
	舟山第二海洋渔业公司	普陀区
	中国水产舟山海洋渔业公司	普陀区
	舟山市晟泰水产有限公司	普陀区
	舟山市富丹旅游食品有限责任公司	普陀区
	环球渔业有限公司	岱山县
	舟山市三联水产有限公司	定海区
	舟山华定水产有限公司	定海区
	舟山中兴食品有限公司	普陀区
海洋生物科技	浙江兴业集团有限公司	普陀区
	舟山源丰海洋生物产业开发有限公司	普陀区
	浙江老州山海洋生物科技有限公司	定海区
	浙江丰宇海洋生物制品有限公司	普陀区
	舟山绿华海洋生物科技有限公司	普陀区
	浙江海力生物科技有限公司	普陀区
	浙江舟山利康海洋生物有限公司	定海区

续表

所属行业	企业名称	企业所在地
海洋生物科技	浙江海力生制药有限公司	普陀区
	舟山海中洲新生药业有限公司	普陀区
水产饲料	舟山北极品水产饲料有限公司	定海区
	舟山市普陀新展望水产饲料有限公司	普陀区
	舟山市普陀区金翼海洋生物饲料厂	普陀区
	舟山普威饲料有限公司	普陀区
	舟山是龙森海洋鱼品有限公司	普陀区
	浙江神海水产有限公司	定海区
	舟山北极品水产饲料有限公司	定海区
	舟山市定海龙源四方鱼粉有限公司	定海区
	舟山市定海区舟富鱼粉加工厂	定海区
远洋渔业	舟山市海利远洋渔业有限公司	普陀区
	浙江兴鹏远洋渔业有限公司	普陀区
	平太荣远洋渔业集团有限公司	普陀区
	舟山震洋远洋渔业有限公司	普陀区
	舟山华鹰远洋渔业有限公司	普陀区
	舟山嘉德远洋渔业有限公司	普陀区
	中水集团远洋股份有限公司舟山分公司	普陀区
	浙江精伟远洋渔业公司	普陀区

　　5.公共平台建设。2007 年舟山市建立的浙江省海洋开发研究院设立海产品精深加工技术研究中心、海洋生物工程研究中心等公共服务平台和公共实验室,开展海水产品精深加工关键技术和共性技术、海洋生物新产品、新技术的开发与推广、海产品质量安全研究与示范推广技术等。已建立的浙江省海洋水产品质量检测中心是我省质监系统内设置的唯一一家水产品质量专业检测机构,已有 300 多项产品及参数通过计量认证/审查认可和国家实验室认可,主要针对水产品委托检验或仲裁检验、技术咨询、技术服务等。同时市科创园和市人才服务中心等的建立,加快了水产加工有关人才引进,给水产加工业进一步发展提供智力保障。

6.发展政策措施。从 2004 年开始,舟山市政府出台了《关于促进水产品精深加工发展指导意见》,建立了舟山市水产品精深加工发展基金,推进水产加工业从粗加工向精深加工转型发展。2007 年,舟山市委、市政府出台《关于深入实施工业强市战略建设先进临港制造业基地的若干意见》,继续建立水产品精深加工发展基金,优化精深加工,做精做强海洋生物与海水产品深加工业。2010 年,市政府出台《关于加快舟山市水产加工业转型升级的实施意见》,加快舟山市水产加工业的结构调整和转型升级,实施产业新布局,提高舟山市水产加工业的可持续发展能力,2013 年市政府出台了《关于促进水产品精深加工和海洋生物产业加快发展的若干意见》,突出产业支持重点,明确产业发展方向,加快了水产品精深加工和海洋生物的发展。

(二)舟山市海洋生物科技研发现状

目前,舟山集聚了浙江海洋大学、浙江大学海洋学院、浙江省海洋开发研究院、浙江省海洋水产研究所,以及建有省级重点企业研究院的浙江兴业集团和海力生集团。现全市共有 8 家省级重点实验室和 1 家国家级工程技术研究中心、1 家省级工程技术研究中心,分别是浙江省海洋养殖装备与工程技术重点实验室(浙江海洋大学)、浙江省海水增养殖重点实验室(浙江省海洋水产研究所)、浙江省海洋渔业装备技术研究重点实验室(浙江海洋大学)、浙江省近海海洋工程技术重点实验室(浙江海洋大学)、浙江省海产品健康危害因素关键技术研究重点实验室(舟山市疾病预防控制中心)、浙江省海洋大数据挖掘与应用重点实验室(浙江海洋大学)、浙江省海洋岩土工程与材料重点实验室(浙江大学海洋学院、浙大舟山海洋研究中心)、浙江省海洋观测—成像试验区重点实验室(浙江大学海洋学院、浙大舟山海洋研究中心)、国家海洋设施养殖工程技术研究中心(浙江海洋大学)、浙江省海洋生物医用制品工程技术研究中心(浙江海洋大学)。舟山市主要海洋生物科研机构详情见表 4.4。

此外,还有浙江海运职业技术学院,浙江舟山群岛新区旅游与健康职业学院等科研院所。目前,舟山的 20 多家海洋药物及医药中间体的生产企业已经与全国各地的大专院校、科研院所建立了长期稳定的技术合作关系,部分企业拥有较高的自主开发能力,产学研相结合的程度较高,与挪威、日本、韩国、美国等国的技术合作日趋成熟。这些都给新进入该行业的企业提供了良好的示范作用。

表 4.4　舟山市主要海洋生物科研机构

科研机构	主要研究领域	省级以上科研平台
浙江省海洋水产研究所	设有中挪两国四方鱼类营养与饲料联合实验室、省海水养殖病害防治中心、海洋生物与生态实验室、种质与分子生物技术实验室、水产品精深加工、遥感实验室等多个专业实验室。现有在职职工 143 人,专业技术人员 98 人,其中教授 10 人,副教授 26 人;具有博士学位 19 人,硕士学位 47 人,享受国务院特殊津贴 17 人,省 151 人才 7 人。建所以来,共获得各种科技成果奖 170 多项次,其中国家级科技奖 9 项,省、部级科技奖 90 余项	农业部渔业环境及水产品质量监督检验测试中心(舟山)、农业部重点渔场渔业资源科学观测实验站 2 个部级科研与服务平台;拥有浙江省海水增养殖重点实验室、浙江省海洋渔业资源可持续利用技术研究重点实验室
浙江海洋大学	拥有"海洋科学"浙江省重中之重学科和"海洋科学"浙江省一流学科 A 类;拥有浙江省海水养殖重点科技创新团队。省重点学科捕捞学,浙江省重中之重学科海洋渔业科学与技术。现拥有 1 个省级重点学科(水产学科),1 个省级重点实验室(浙江省海洋渔业装备技术研究重点实验室),设有 1 个一级学科硕士学位授予点(水产),建有海洋药学、水产品加工与贮藏工程 2 个二级学科学术学位点和食品加工与安全领域农业硕士学位点(与比萨大学开展双硕士教育)。建有水产品加工及贮藏工程和海洋生物医药省级重点学科和食品科学与工程省级一流学科	"海洋设施养殖工程技术 2011 省级协同创新中心";"国家海洋设施养殖工程技术研究中心"和"海洋生物种质发掘与利用国家地方联合工程实验室"两个国家级科研平台;"浙江省海水养殖装备与工程技术重点实验室""浙江省海洋增养殖工程技术研究中心""浙江省海洋科技创新服务平台"和"浙江省海洋生物种质发掘与利用工程实验室"共 4 个省级科研平台
浙江大学舟山海洋学院	建有港口海岸与近海工程、海洋生物、海洋地质与资源、海洋工程与技术、物理海洋、海岛海岸带、海洋传感与网络、海洋化学与环境等 8 个研究所	
海力生集团	系农业产业化国家重点龙头企业、省第一批"三名"培育试点企业、创新型试点企业、高新技术企业。获国家发明专利 10 项,国际发明专利 4 项。主要产品有多烯康、氨糖美辛片、角鲨烯、贝特令、鱼胶蛋白、海洋系列肽、海墨止血片、海藻酸钠、精碘、三七透骨酊、金贻贝胶囊、海藻胶等。	海洋生物研究院系省级海洋生物高新技术研发中心和省级企业技术中心,也是省级重点企业研究院,下设药物研发中心、海洋生物研发中心、海洋食品研发中心、食品技术检测中心、科技情报所和符合 GMP 要求的中试车间

第五章 浙江海洋经济发展核心区海洋生物产业发展思路

大健康产业是当今世界经济体系中的"朝阳产业"（见专栏3），是我国"十三五"期间国家消费、转型升级的重要抓手，也是浙江省重点打造的八大万亿级产业之一。普遍认为，大健康产业将成为继IT产业之后第五波经济浪潮新支撑，未来十年有望成为大健康产业发展的"黄金十年"。从产业范畴来看，大健康产业与海洋生物产业都属于"大产业"的概念。事实上，两大概念之间并不是包含与被包含的关系，但海洋生物产业中的核心产业，如海洋生物医药、海洋保健食品、海洋化妆品以及海洋健康养殖等，均属于大健康产业的范畴。甚至于海洋生物材料、海洋生物制品检测等也与大健康产业存在千丝万缕的联系。目前全国各地竞相发展生命健康产业的局面正在形成，许多地区不约而同地将大健康产业作为决胜于未来的重大战略性新兴产业和推动经济转型升级的引领型产业，如若不能在这一轮大健康产业发展浪潮中确立自身的发展优势，将错过区域经济跨越式发展的又一重大战略机遇。正是基于此，本书在对大健康产业进行深入调研的基础上，提出浙江海洋经济发展核心区的海洋生物产业发展思路。

专栏3 大健康产业

大健康产业是指与维持健康、修复健康、促进健康相关，为人的生命健康提供相关产品和服务的产业统称。大健康产业是以健康为核心，与居民的身心健康乃至生命直接或间接相关的产业体系，大健康产业内涵十分丰富，涵盖行业特别广泛，是一个涉及第一产业、第二产业和第三产业，与其他经济部门相互交叉、相互渗透的综合性产业,如表 5.1 所示。

表 5.1 大健康产业的构成

产业类别		产业核心层	产业外围层
大健康产业	第三产业（健康服务业）	1. 医疗服务(检验、检查、诊断、治疗)。 2. 健康服务(健康体检、养老、养生、健康管理、护理、康复、临终关怀、健康教育等)。	与健康产品生产相关的服务业,包括:商贸物流、会议会展、研发孵化、总部经济、金融保险、检验检测、职业培训、休闲健身服务等。
	第二产业（健康制造业）	1. 医药制造业(化学药品原料药制造、化学药品制剂制造、中药饮片加工、中成药生产、生物药品制造、卫生材料及用品制造)。 2. 医疗仪器设备及器械制造业。 3. 保健用品(健康食品、化妆品、理疗产品等)。	1. 医药中间体生产,精细化工产品生产,医用产品生产装备制造、食品制药设备等。 2. 保健器具以及与健康相关的体育健身用品、功能性家居家纺用品等。
	第一产业（健康种养业）	中药材种植、养殖。	与健康相关的有机农产品、绿色农产品等,以及休闲农业等。

第一节 浙江海洋经济发展核心区海洋生物产业发展的匹配性分析

不同产业类别具有不同的产业发展特征,对于资源、技术、资本以及产业政策的要求也各不相同。

一、海洋生物产业的特性

一般而言,可以将对产业发展影响最大、综合性最强的因素称之为主导因子。以主要海洋产业为例,不同类型海洋产业其发展所需的主导因子也存在差异。海洋生物产业是利用海洋特有的生物资源,开发拥有自主知识产权的海洋创新药物和新型海洋生物制品技术,形成工业用酶、医用功能材料、绿色农用生物制剂、海洋化妆品等产业。尽管海洋生物产业的各细分行业对于资源、技术、资金等的要求有所不同,但海洋生物产业总体而言属于"资源型＋技术型"产业,对于海洋生物资源条件和海洋生物技术研发有较高的要求(见表 5.2)。

表 5.2　影响海洋产业发展的主导因子

标号	产业	主导因子	产业类别
1	海洋工程装备	自然资源＋技术条件(人力资本)	资源型＋技术型
2	高端船舶制造	自然资源＋技术条件(人力资本)	资源型＋技术型
3	海洋生物	自然资源＋技术条件	资源型＋技术型
4	海水淡化	技术条件	技术型
5	海洋电子信息	技术条件	技术型
6	海洋新能源	自然资源＋技术条件	资源型＋技术型
7	港口物流	自然资源＋技术条件	资源型＋资本型

二、浙江海洋经济发展核心区海洋生物产业匹配性分析

从资源条件和产业配套能力来看,由于核心区海洋生物资源条件非常丰富,并且作为国家一级渔港、中国国际水产城和中国水产城的所在地,核心区完全具备发展海洋生物产业的资源条件和产业配套条件。从地理环境、技术条件、人力资源条件、政策及经营环境等匹配要素来看,核心区同样具备相对较好的海洋生物产业的发展条件(见表 5.3)。

表 5.3　海洋生物产业匹配性分析

匹配要素	产业要求	核心区资源状况	改善潜力	匹配程度
地理环境	大渔港,环境优美,高校、科研机构相对集中	舟山沈家门渔港是中国最大的天然渔港,是世界三大渔港之一;宁波石浦是国内四大渔港之一,环境优美;拥有浙江海洋与水产研究所等研究机构,浙江海洋大学、宁波大学、浙江万里学院等高校有国家级及省级海洋生物研究所,同时拥有浙江高校产学研联盟象山中心等研究机构	—	◑
资源条件	适应的海洋环境,丰富的海洋物种	海洋物种资源丰富,海洋生物多样性较高	—	◔

续表

匹配要素	产业要求	核心区资源状况	改善潜力	匹配程度
技术条件	远洋捕捞船队、海洋牧场、渔港建设完善（海洋渔业）；高端生物制药技术、重点实验室等	海洋捕捞是传统产业，积极发展海洋牧场，沈家门、石浦渔港建设完善；高端海洋生物医药等相关技术条件滞后	随着海洋生物产业园区的规划建设，有利于技术、研发条件的改善	◐
人力资源条件	水产品深加工人才，高端生物医药及海洋生物技术研发人才	已集聚一批较高层次海洋生物技术人才	系列海洋人才引入的优惠政策有利于人才的集聚	◐
产业配套条件	一级渔港、中心渔港、水产品物流中心、水产品贸易平台等	有中国最大的沈家门渔港、石浦国家一级渔港、舟山国际水产城、象山中国水产城，渔港经济逐渐形成	随着海洋生物育种及健康养殖发展，以及水产品冷链物流信息网络平台的建设，产业配套进一步改善	●
政策及经营环境	生物医药产业由于投入产出慢，早期需要资金、税收等政策支持；要有完善的知识产权保护制度及严格的执法力度	渔港经济区发达，海洋生物产业作为核心区重点推进的战略性新兴产业，对生物医药产业提供了政策扶持	舟山、宁波现代渔业基地建设、海洋牧场示范区建设；未来新区知识产权保护机制、资金平台等将进一步完善	◐

注：●完全匹配，◐基本匹配，○不匹配。

第二节　浙江海洋经济发展核心区海洋生物产业发展思路

产业链分为纵向和横向两个维度，表现为产业的前后联系，是各部门围绕不同中间产品的生产和交换进行横向和纵向合作而形成的动态网络组织。海洋生物产业作为高新技术产业，对于技术的依赖性较高，产业间的关联因素主要是技术链的传递，众多高新技术的应用与开发促成了产业链的形成与发展。因此，从产业发展动力的角度看，海洋生物产业链的特征表现为以技术创新为原动力，以内部产业链机制相互作用和外部市场竞争来保证产业链持续发展，几乎每次大的技术创新都能在产业链内形成一列产业链，推进海洋生物产业跨越式发展。

从世界范围来看,目前海洋生物产业的发展也正是以"技术链"为核心,出现以传统海洋生物产业(海洋生物养殖与加工)为核心向产业两端延伸的趋势。其中一端是向"海洋生物育种及海洋种业"方向延伸,推动传统水产养殖向现代海洋牧场发展。即依托选择育种、杂交育种、细胞工程育种、分子辅助育种、基因工程育种等海洋生物遗传育种技术创新,推动海洋生物育种及健康养殖产业的发展。另一端则是向"海洋健康制造"方向延伸,推动传统水产加工转型升级。即以基因工程、发酵工程技术为节点进行开发,研究各种海洋生物医药、海洋化妆品、海洋保健品等。此外,从产业横向联系来看,以海洋生物产业为核心,加强相关产业集聚,推动海洋"大健康"产业的发展,也是目前比较常见的发展模式。

一、发展目标

充分发挥核心区内特有的海洋生物资源优势,开发拥有自主知识产权的海洋创新药物和新型海洋生物制品,建立特色明显的海洋生物产业体系。依托海洋生物产业的发展,未来力争创建省级高新技术特色产业基地,争创国家海洋生物产业示范区。先期利用现代生物技术综合高效利用海洋生物资源,开发具有市场前景的新型海洋生物制品,形成工业用酶、医用功能材料、绿色农用生物制剂、海洋保健品和化妆品等产业;适时引导和推进海洋药物技术创新和药用资源开发,开发一批具有资源特色和自主产权、结构新颖、靶点明确、作用机制清晰、安全有效且与已有上市药物相比具有竞争力的海洋新药,形成海洋药物新型产业;推动海洋生物产业向"海洋大健康产业"延伸,形成"海洋健康制造＋"产业创新发展模式,打造海洋生物资源循环经济链(见图 5.1)。

二、浙江海洋经济发展核心区海洋生物产业"三步走"战略

为了实现以上总体目标,应制定"三步走"战略,即产业积累阶段、产业迅速崛起阶段、突破发展阶段。各阶段的具体目标如下。

(一)第一阶段:产业积累阶段(2016—2020 年)

2016—2020 年是核心区海洋生物产业和海洋生物技术发展的关键时期,是机遇期,更是挑战期。由于宁波与舟山两地处于同一海域,这一时期应将宁波和舟山的情况通盘考虑,编制《浙江省海洋经济发展核心区海洋生物产业发展规划(2016—2020)》,推进海洋生物产业专业园和生命健康产业园建设,为后续海洋生物产业大发展打下坚实基础。

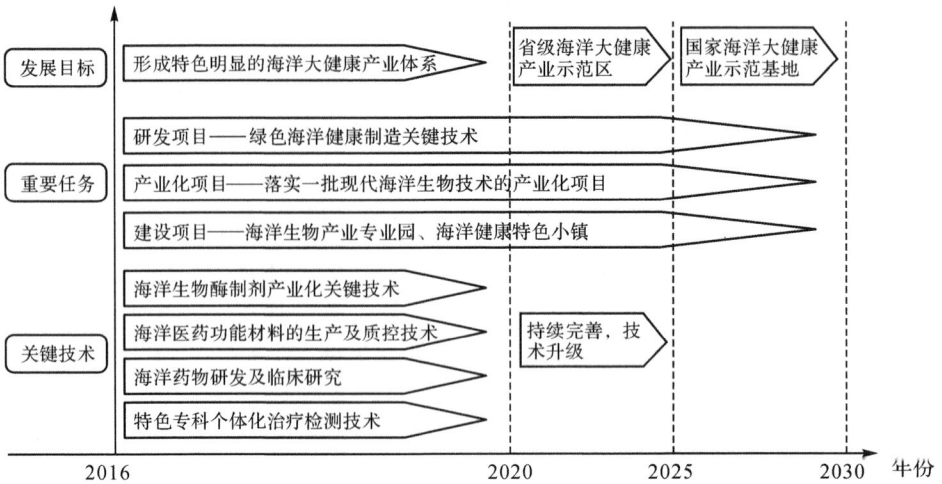

图 5.1　浙江海洋经济发展核心区海洋生物产业发展线路

1. 实施"3 个 10"海洋生物科技创新行动计划。五年共实施 10 项以上重大共性和关键技术攻关,形成 10 项以上高水平的自主知识产权,开发 10 个以上技术含量高、市场前景好的高新技术产品。在海洋生物活性成分应用、海洋生物活性物质筛选和提取、海洋生物综合加工与利用等领域,积极突破一批核心技术和关键产品。

2. 谋划现代海洋生物产业园和综合性技术平台。在目前已有的舟山沈家门海洋生物园区、舟山勾山海洋生物园区的基础上,谋划建设宁波象山海洋生物产业专业园区,推动海洋生物企业的空间集聚;积极推动舟山定海和宁波象山的生命健康产业园区建设,为海洋大健康产业发展提供支撑;支持相关公司牵头搭建海洋生物研发平台。

3. 落实一批产业化项目。依托园区精准招商引智,引入行业内较为知名的大企业,在海洋健康制造领域实施一批产业化项目。借助产业孵化器、加速器和产业园区,培育孵化一批海洋生物科技型企业。

通过五年的努力,争取核心区的海洋生物产业成为"千亿级"产业,初步形成园区集聚、特色明显、产业链完整的海洋生物产业体系。

(二)第二阶段:产业崛起阶段(2021—2025 年)

2021—2025 年为产业崛起阶段。海洋生物产业专业园专业化优势凸显,大健康产业园初具规模;公共服务平台的功能得到充分发挥,对区域海洋生物产业发展形成良好支撑;传统水产品加工业向"绿色海洋健康制造"

转型取得明显进展,海洋生物产业创新能力达到国内一流水平,自主创新海洋生物制品的程度和保障明显提高,海洋生物产业成为拉动区域经济增长的主导性产业,建成省级高新技术特色产业基地。至 2025 年,力争海洋生物产业产值翻一番,成为区域经济主导性产业。

（三）第三阶段：产业突破发展阶段（2026 年以后）

2026 年以后为产业可持续发展阶段。海洋生物制品和海洋药物创新能力进入国际先进行列,公共服务平台跻身国际级技术创新中心,海洋生物产业（海洋大健康产业）成为核心区支柱性产业之一,成为国家级海洋生物产业（海洋大健康产业）示范基地。

第三节　浙江海洋经济发展核心区海洋生物产业发展方向

立足地域资源优势和产业发展特色,以两大转型升级为引领,做优做强海洋生物产业。一是推动现有水产品精深加工产业向健康产业转型升级。围绕海洋健康食品和海洋生物医药两个方面,提高产品附加值,积极打造海洋健康产业集群。二是推动产业发展模式向循环经济和生态型产业转型。以"减量化、再利用、资源化"为原则,以海洋生物资源的高效利用和循环利用为核心,打造生态型海洋生物产业体系。

一、海洋生物产业发展方向选择

本书对海洋生物产业的各细分行业,如海洋生物制药、海洋保健食品、海洋化妆品、海洋生物农用制品、海洋生物材料、海洋生物基因工程、海洋生物制品检测、海洋生物育种及健康养殖等,根据该行业的吸引力和核心区在行业中的竞争地位,结合核心区的资源条件和发展基础,分四大类确定核心区海洋生物产业未来发展方向和发展重点（选择路径见图 5.2）。

二、海洋生物医药和功能食品

（一）海洋生物制药行业发展特点

海洋生物制药的形成需要药物发现、药物开发、药品生产三个基本阶段,药物发现是以基因工程或者酶工程为基础的,对于技术水平的要求较高;药物开发阶段需要经历临床前试验,新药研究申请,临床研究Ⅰ、Ⅱ、Ⅲ期,新药申请等,需要漫长的时间投入和经费投入,存在巨大的投资风险。

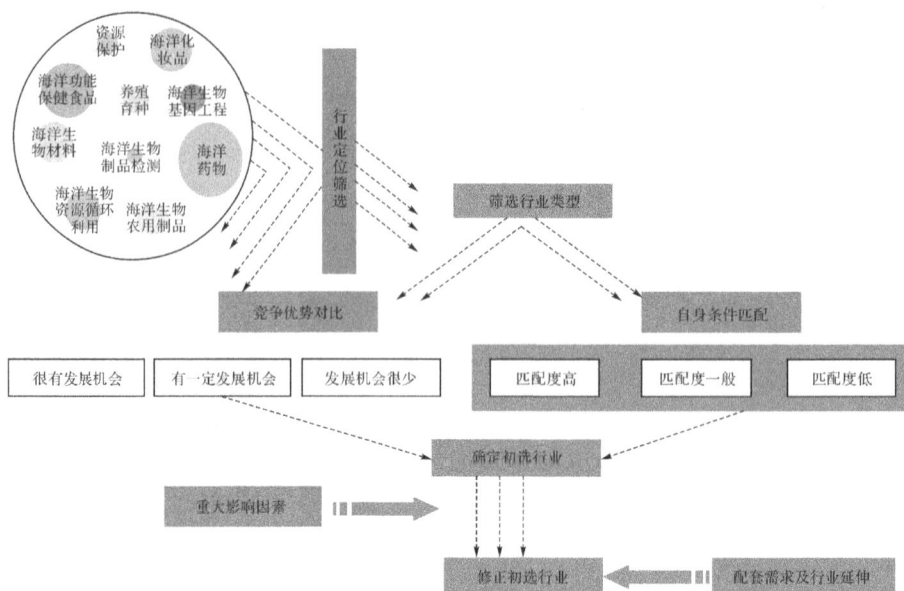

图 5.2 海洋生物产业发展行业选择路径

总体而言,对于新药开发尤其是生物新药开发存在着以下三个基本特征:

1. 生物新药开发时间周期长。一般而言,开发一个新药需要 10 年以上,而生物新药的开发周期相对更长。据国外相关机构通过对药物专利数据库(IMS Life Cycle Patent Focus)中 2010 年上市可评价的新活性物质(NAS)数据进行分析,发现仅有 12% 的 NAS 从取得专利到全球首次上市的时间少于 8 年,44% 的 NAS 处于 8~12 年时间段,而另外 44% 的 NAS 完成这一历程耗费了 12 年以上的时间,事实上,28% 的 NAS 耗费了 16 年以上漫长的过程才得以上市。

2. 生物新药研发成功率低。一般而言,在 5000~10000 个有希望的化合物中,有 250 个可以成功进入临床前研究,5 个进入临床研究,而最终能够获得批准成为药物的仅有 1 个,也就是说,生物新药的成功率一般为1/5000~1/10000,高淘汰率代表着巨大的投资风险。

3. 行业研发成本高。根据 2010 年美国 TUFTS 的统计结果显示,一个新药产品从实验室发现到最终在市场上市的成功之路所需要的研究和开发费用为 5 亿~10 亿美元,平均为 8.02 亿美元。而塔夫茨药物开发研究中心 2014 年曾经给出过一组数据,新药研发的平均成本超过 25 亿美元,全球研发投入前 25 名的制药企业研发资金投入平均在 37 亿美元。

海洋生物制药在海洋生物产业中居于核心地位,直接体现了海洋生物产业发展水平的高低。然而,考虑到海洋生物制药业的发展特点及核心区内现有产业基础,近期内在海洋生物制药,尤其是新药开发领域取得突破的可能性不大。因此,核心区海洋生物制药产业发展宜采取循序渐进的发展思路,先行开发与发展药食同源产品、海洋生物保健品,择机在海洋生物制药(药源方向)领域取得突破,形成相对优势。

发展海洋生物来源的医学组织工程材料,新型功能纺织材料、药用辅料、生物纤维材料、生物分离材料、生物环境材料、生物防腐材料等海洋生物材料。在具备海洋生物技术研发优势和生物产业发展基础的城市,组建产学研相结合的创新战略联盟。

(二)近期重点:海洋功能食品

采用"海洋健康制造＋"模式,推进传统水产加工业向健康产业转型,开发具有广阔市场前景的新型海洋功能食品。

1. 推动水产品精深加工业向健康产业(食品)转型。加强科技攻关和技术改造,以远洋生物的精(深)加工、高值化加工及副产物综合利用为重点,积极推广真空冻干、无菌包装、微胶囊、冷杀菌、生物工程、膜分离等技术应用,大力发展绿色海洋食品、远洋生物新型保健品、远洋生物功能性食品等全系列产品。围绕"海洋健康食品"方向,拓展水产品精深加工新领域,推进融合化、集聚化、精深化、特色化、品牌化"五化"发展,将舟山和宁波打造成为国内一流、国际有影响力的水产品精深加工和贸易集散基地。到2020年,水产品精深加工业总产值达到400亿元。突破生鲜食品冷链流通品质控制技术瓶颈,研发船上保鲜、液氮和静电场等速冻保鲜新技术及装备,破解食品在物流过程中的品质劣变与损耗等难题。建立现代冷链物流体系,开展物流信息化监控、配送与销售等智能化系统研究应用。

2. 符合特殊需求的高端海洋功能食品研制与开发。推动产学研相结合,促进海洋功能食品的加工技术创新成果转化,在海洋功能食品定向性功能筛选、海洋生物活性物质修饰和改造技术、海洋产品稳定化复配技术、活性多肽和小分子肽的可控酶解等某些领域取得突破,开发出能够满足多层次需求、市场前景广阔的海洋功能食品。重点推进满足各类特殊人群需求的具有抗氧化、抗衰老、抗过敏、抗肿瘤以及抗癌功能的高端海洋食品的定向研制与功能食品的规模化产业开发。

3. 加快开发海洋绿色保健品和功能性食品。以海力生集团有限公司、兴业集团有限公司等龙头企业为主体,鼓励产学研合作。进行特色化海洋生物资源高值化综合利用。以高含量 EPA 和 DHA 鱼油、鱼胶蛋白、系列多肽、壳聚糖、海藻多糖、鱿鱼墨汁多糖等产品研发为重点,加快开发一批绿色保健品和功能性食品。

4.进行远洋捕捞产品系列海洋生物制品开发及产业化。开展远洋捕捞产品的高值化利用研发。重点开展金枪鱼、鱿鱼、南极磷虾、沙丁鱼等综合利用关键技术研究,重点开发胶原蛋白、肽类、多糖等系列高值化特殊医学用途配方食品和海洋生物保健食品。

(三)中远期发展方向——海洋生物制药(药源方向)

中远期根据舟山海洋生物医药产业园、舟山海洋生物产业集聚区、象保合作区生命健康产业园、宁海生物产业园建设情况及和核心区海洋生物产业发展情况,有针对性引入国内外具有较高知名度的海洋生物制药企业,吸引海洋生物医药研发机构入驻,伺机在以远洋生物为原料的生物药物关键技术的研发上取得突破,实现海洋生物医药(药源方向)研究与开发能力和水平的跨越式发展。从产业发展目录的角度看,未来核心区可以重点考虑以下三个基本方向:(1)拥有自主知识产权的海洋生物新药开发和生产;(2)满足我国重大、多发性疾病防治需求的通用海洋生物药物首次开发和生产;(3)海洋生物药物新剂型、新辅料的开发和生产。

1.打造国内一流的海洋生物产业园。以舟山海洋生物医药产业园为主平台,重点发展以海洋生物保健品、功能性食品、生物功能材料、海洋生物酶制剂为代表的现代海洋生物产业。重点突破高附加值海洋功能食品开发、海洋生物加工废弃物的资源化利用、新型海洋药物研发、海洋生物种质培育等关键技术,打造国内一流的海洋生物产业园。

2.进行海洋生物加工废弃物的资源化利用。针对水产加工副产物中皮、加工碎料、软骨等副产物加工利用水平低下问题,开展高效脱色、蛋白解离、生物酶解制备等关键技术研究,开发高附加值功能性和营养性产品3～4种,形成相应的规模化示范生产线。

三、海洋生物制品

海洋生物制品指运用海洋生物学与工程学的原理和方法,利用海洋生物或生物代谢过程生产有用的生物制品。在海洋生物制品领域,核心区发展重点主要集中在海洋化妆品、海洋生物农用制品、海洋工业酶制品等方面。

（一）海洋生物农用制品

海洋生物农用制品包括海洋生物饲料与饲料添加剂、海洋功能肥料、海洋生物源农药等。结合核心区的实际，可优先在海洋生物饲料领域取得突破，伺机在海洋功能肥料以及海洋生物源农用领域取得突破（见专栏4）。

专栏4　海洋生物农药——OS施特灵

OS施特灵是从海洋生物虾、蟹等甲壳动物的外壳经化学工艺脱掉蛋白、钙，再脱掉乙酰基而得到的几丁聚糖产品。由于是针对生产农业无公害产品制成的农药，故取名为海洋生物农药。因其主要功能是杀菌兼有抗病毒、诱导植物增强免疫、促进生长作用，故列为多靶位生物药。中文通用名称OS施特灵，英文通用名Oligosaccharin，其他名称低聚D-氨基葡萄糖、氨基寡糖素。性状：产品制剂为黄色（或绿色）稳定的均相液，沸点102℃，溶解度（20℃）322.22升/克，常温下稳定。为无毒杀菌剂，对人、畜安全，不杀伤天敌昆虫，对皮肤和眼睛无刺激作用，无残留，无污染，无"三致"作用，适于生产各级绿色食品使用。作用特点：OS施特灵是氨基寡糖素，易被植物通过气孔吸收，在体内产生大量脱乙酰几丁质酶。由于脱乙酰几丁质酶的活性很强，可以激发微组织产生与生长相应的内源激素和防御体系酶。解除部分闭锁因子和增强植物体的免疫机制，能促进植物生长，提高抗逆性。

1. 海洋生物饲料与饲料添加剂

积极推进饲料加工工艺创新，重点开发适合深水网箱养殖鱼类摄食的饲料，为改善产品品质和保证产品安全，深入探讨饲料原料、饲料添加剂对产品质量和安全的影响，积极推进海洋水产饲料产业化发展，条件成熟时探索开发海藻饲料。海藻产品有天然活性海藻粉、营养浓缩物海藻精、高活性物质岩藻多糖及海藻饲料黏合剂等，对于提高机体免疫力、促进生长、改善繁殖性能和产品品质方面效果显著，用于沿海区域的大菱鲆、鲍鱼、海参、对虾等水产养殖，也可用于奶牛、羊、猪、鸡、宠物、特种养殖方面。

2. 海洋功能肥料

海洋生物中天然多糖、海藻精等具有特殊结构和功能的活性物质，能诱导增加种子和植物体内酶的形成，促进植物细胞的新陈代谢，激活生物的抗病基因，增加抗病蛋白质合成，提高植物免疫力和抗病能力。可用于农作物、蔬菜、水果等抗病增产的生物制剂。

3. 海洋微生物源农药

海洋微生物由于其生活环境异于陆生生物，从海洋真菌、细菌、放线菌等微生物中分离到的多种具有较强生物活性的物质,具有杀灭害虫、除杂草、抗农林业病原菌等多种作用,已广泛应用到植物病虫害的防治之中。核心区内的宁波市、舟山市要积极对接国内知名研究机构,努力克服海洋微生物活性物质结构上的多样性、含量的微量性、生产提取成本高等开发难点,推动海洋微生物源杀虫剂、杀菌剂、农用抗生素等的产业化和规模化生产。

(二)海洋化妆品

伴随着化妆品行业的快速发展,人们生活水平的不断提高,绿色、天然、安全和环保已经成为新时期人们对化妆品质量内涵与功能诉求的焦点。科学研究表明,人体水分含量中矿物质的组成与海水本身极其相似,这种高度的相似性与相容性,也使海洋护肤成分具有其他成分所不能比拟的优越渗透力与滋养效果。由于海洋产品具有绿色、天然、原料丰富等优势,海洋化妆品业的发展潜力巨大。

核心区的海洋化妆品发展方向:充分发挥海洋的天然绿色健康海洋植物、海洋动物、海洋矿物等资源优势,重点开发胶原蛋白及胶原蛋白肽,筛选提取具有显著促进皮肤生长、延缓细胞衰老、活化细胞等天然细胞生长因子,重点应用于化妆品新产品的开发,推进海洋生物化妆品产业化,提升化妆品产品质量和产业层次(见专栏5)。

专栏5　世界顶级海洋化妆品

| La Mer 海蓝 之谜面霜 | Guerlain 娇兰恒采动 能紧致高科技眼霜 | Lancome 兰蔻臻萃 华光活肤面霜 | Senana Marina 色娜娜肌底液 |

1. La Mer 海蓝之谜面霜

La Mer 海蓝之谜面霜被誉为化妆品界的奇迹,人称"面霜之王"。经过三个月以上的时间发酵,富含海藻萃取、多种维生素与矿物质,它拥有大自然不可知的海洋与矿物质能量,赋予肌肤惊人的细胞再生能力。

2. Guerlain 娇兰恒采动能紧致高科技眼霜

在波罗的海深藏数千年的琥珀有着促进肌肤产生弹性紧致基因的能量。纯净琥珀精萃的重塑能量全部被凝聚于这款眼霜的核心成分,同时特

别精选出适用于眼部轮廓的高效成分进行组合,由此诞生了独家专享之复合物"琥珀明眸因子"。

3. Lancome 兰蔻臻萃华光活肤面霜

加利福尼亚湾暗流汹涌的海底,有一种罕见的生物——极端嗜热菌。这种生物拥有极为高效的防御系统,该系统可帮助它们适应环境,忍耐高温、缺氧的环境,并抵御特定污染物的侵袭,能有效刺激细胞新陈代谢,延长皮肤细胞生命。兰蔻研发人员从中萃取出极端嗜热菌提取物,将其运用于抗衰老产品中。

4. Senana Marina 色娜娜肌底液

布列塔尼海域内海水清澈干净未受污染,有"世界最纯净海域"之称。来自法国布列塔尼神奇海域的肌底液品牌,从布列塔尼神奇海域的海藻、矿物、浮游生物中提取能高效激活人体皮肤细胞生长的有效活性成分,促进皮肤细胞的新陈代谢,修复皮肤基底组织。

5. Shuuemura 植村秀深海养护精华

在海底一定深度以下的低温环境,海水完全不受阳光的影响,成为纯度极高的"纯净之水"。由于其成分接近人体体液,极易被肌肤吸收,海洋深层水亦被冠以"完美保湿液"的美誉。此款精华富含海洋深层水以及多种高度浓缩的海藻精华,能迅速修复肌肤质地与透明度,使之更加柔软顺滑,舒缓和强韧肌肤。

(三)海洋生物酶制剂研发与产业化

充分发挥核心区海洋生物资源优势,从海洋生物特别是海洋微生物中筛选、提取有应用价值的酶。重点研究酶制剂产业化制备中发酵过程优化与控制技术等过程工程技术,重要海洋生物酶在轻化工、医药、饲料等工业领域中的应用技术及其催化和转化产品的工艺技术。实现海洋生物酶制剂规模化生产,重点应用于食品工程、水产养殖、日用洗化、饲料工业等领域。

四、海洋生物工业原料和生物材料

开展用于人体疫苗的生物多糖、生物多(寡)肽、生物蛋白、生物毒素等具有核心区资源特色和较好市场开发前景的药用级和试剂级原料的开发与生产;加强海洋纤维产品的开发,尤其是以海带为原料的海藻酸钙纤维,以虾皮蟹壳为原料的壳聚糖纤维等,它们具有优异的抗菌、阻燃、防辐射性能,能够成为生物医用敷料的主要材料,在对生物相容、抗菌性能有特殊要求的医疗卫生行业更是得到广泛应用；开展创伤修复材料、介入治疗栓塞剂等新型医用材料以及组织工程材料、药物长效缓释材料、基因工程材料等的研究与利用。

五、海洋生物育种及健康养殖

海洋生物育种和健康养殖业是指综合利用现代育种技术、养殖技术和疾病防控技术，培育高产优质新品种，实施健康环保养殖模式。推广基因工程、细胞工程等现代育种技术在海洋生物育种中的应用，积极研发市场价值高、抗病能力强的品种。大力开展面向名贵海洋生物新品种的引进和人工育苗研究，大力发展珍稀、名、特、优海洋养殖；积极引进先进的育苗技术、养殖技术、饲料加工技术和生物医疗技术，发展育苗繁殖、饲料加工、苗种精养、生物医疗、市场销售等现代养殖产业链。

海洋生物育种及健康养殖突破方向如下：

1. 优质品种育种与推广。依托核心区目前已有的水产遗传育种中心，全国现代渔业种业示范场，省级水产原良种场，国家级泥蚶、大黄鱼、厚壳贻贝良种场等水产种业基地，通过家系选育、性控技术、分子育种等技术研究以及系统化、精细化的育种技术体系，形成优良品种的保种、繁育和养殖推广的技术规范，并进行示范与推广。加大财政支持力度，建立与科研院校的常态化联动机制，不断加强水产种苗品种创新、扩繁生产和推广服务能力建设，进行高品质小黄鱼规模化养殖技术开发，有效集成一系列相关技术并开展产业化示范，提升水产种业育、繁、推一体化水平。

2. 新型养殖模式推广与应用。鼓励产学研合作，进行重要经济虾蟹贝类的良种选育及稳产养殖技术构建与示范。面向三疣梭子蟹、对虾、厚壳贻贝、黄口荔枝螺等重要经济虾蟹贝类水产良种，重点研究养殖种类良种提纯复壮技术、种质检测鉴定技术、性控技术和多性状复合育种技术等，构建较为完整的、操作性强的繁育技术体系；解决虾蟹贝类养殖废水处理、环境因子调控及科学管理等关键技术问题，构建高效健康养殖模式，建设养殖示范基地并进行示范推广。充分发挥核心区内的舟山对虾健康养殖示范区、舟山马鞍列岛海洋牧场示范区、舟山中街山列岛海洋牧场示范区、象山西沪港低碳健康养殖示范区、象山港海洋牧场示范区等的示范作用，积极探索高效、节能、高密度集约化和排放可控的健康养殖模式，积极推广海水大面积立体生态混养模式，包括"鱼—贝—藻"立体混养、对虾与大弹涂鱼混养等多营养级综合养殖。

　　3. 优质饲料研发与应用。着力解决当前核心区内海水鱼饲料领域资源紧缺、环境污染、产品品质不高、饲料利用效率低下等关键问题,研发"营养—工艺—养殖模式—投饲策略"紧密衔接的资源节约型安全高效配合饲料。应用生物技术等手段,开发利用多种蛋白源,解决资源紧缺问题。深入开展不同生长阶段营养参数研究及养殖全周期高效饲料开发,重点开发适合特定种类、特定养殖模式营养平衡的饲料。

第六章　浙江海洋经济发展核心区海洋生物产业空间布局

　　按照"四镇、六园、三基地"的空间布局架构,推动核心区海洋生物产业集聚化、集群化发展。其中"四镇"即"沈家门渔港小镇""定海远洋小镇""梅山海洋金融小镇"三个省级特色小镇,以及正在建设中的象山石浦海洋健康小镇。"六园"即普陀海洋生物园、勾山海洋生物园和舟山海洋生物医药产业园以及宁波象山海洋生物产业园、生命健康产业园和宁海生物医药产业园。"三基地"即宁波和舟山两地同时拥有的水产品精深与贸易基地、海洋生物育种及高效健康养殖基地和海洋科技人才培养基地。

第一节　四　镇

　　沈家门镇位于舟山本岛的东南部,人称"小上海",是我国最大的渔港和海水产品的集散地,素有"渔都"之称。沈家门渔港是我国最大的天然渔港,与挪威的卑尔根港、秘鲁的卡亚俄港并称世界三大渔港。渔港位于舟山本岛东南侧,地处长江三角洲经济区南缘,面临辽阔海洋,背靠沪、杭、甬等大中城市,资源丰富,港口优良,风光秀丽,气候宜人。与海天佛国普陀山、海上雁荡朱家尖、海上仙山桃花岛形成了东海旅游的金三角,素有"东海明珠"之称。

　　定海远洋小镇位于定海北部干碶镇,距离市中心约 16 公里,该小镇是全国远洋渔业基地,基地远洋水产品捕捞量占全国的 22%,其中鱿鱼占全国的 70%,有水产品精深加工企业 40 余家,产业基础扎实。现已形成远洋捕捞—海上运输—水产精深加工—冷链物流—水产交易、销售、服务等全产业链的远洋渔业发展体系。定海远洋渔业小镇的定位是大力发展海洋健康制造业,积极培育远洋渔业的总部服务经济和文化休闲经济功能。

梅山海洋金融小镇位于宁波梅山保税港区,地处长三角南翼,东临国际航道和国际锚地,北靠北仑港区,南连佛渡、六横等舟山诸岛,西接象山港,具有独特的土地开发条件、丰富的岸线资源和雄厚的腹地经济实力。总规划面积约 3.5 平方公里,外向型经济发达。金融小镇重点发展航运基金、航运保险、船舶租赁以及航运价格衍生品等航运金融业务。同时,还发起设立海洋主题产业基金、海洋专业银行,集聚引进涉海私募股权、债权、创投、对冲与并购重组等新兴海洋特色金融业态,探索建立海洋产权综合交易平台,推动银行、保险、信托、期货、证券等机构的涉海金融业务创新,着力构建多层次的海洋金融支持体系。

从现实情况看,舟山的基础相对较好,沈家门渔港小镇和定海远洋渔业小镇已经入选浙江省特色小镇,其海洋生物产业的布局相对合理和完善,而宁波梅山海洋金融小镇也已入选浙江特色小镇,所以这里主要考虑海洋生物产业基础相对较为薄弱的宁波象山石浦。

石浦镇位于浙江沿海中部,象山半岛南端,北接新桥镇、定塘镇等乡镇,西扼三门湾,南与鹤浦镇、高塘镇隔港相望,东临大目洋、猫头洋,素有"浙洋中路重镇"之称。石浦镇为中国历史文化名镇、全国六大中心渔港之一,优美的自然环境,得天独厚的海洋生物资源条件,较好的海洋健康产业发展基础,具备打造"海洋健康特色小镇"的条件。

因为舟山定海远洋渔业小镇和沈家门渔港小镇都符合发展海洋健康制造的要求,而梅山金融小镇所在的梅山国际海洋生态科技城也将海洋生命健康产业作为发展的核心。所以以下的分析主要指象山石浦。

一、大力发展大健康产业

发挥区域自然风景优美的优势,重点推动海洋生物医药的研发和生产,推动养生保健品、医疗器械的销售,建设集健康养老、健康医疗、休闲度假于一体的养生产业园。

从打造"海洋健康特色小镇"的角度,综合考虑石浦镇的区位条件、发展基础及配套设施条件,生命健康产业园可以重点突出生命健康服务产业。依托生命健康产业园区,可谋划打造具有高水准的康体医疗产业园区,园区以医疗服务、健康管理、中医药服务、康体休闲、人员培训等为核心业务模式,集聚专科医院(康复中心)、医疗研究机构、健康会所、生态健康公园等,选择性发展特色专科医疗、抗衰老医疗养生、绿色减肥康体治疗、慢病康复愈养、生态健康养生养老等生命健康服务产业。

1.抗衰老医疗养生基地。可考虑引进瑞士顶峰健康美容中心、美国哲诺沃(国际)抗衰老机构等国际知名的抗衰老医疗机构以及中国香港思瑞国际医疗抗衰集团,重点发展基因检测、干细胞治疗、细胞美容等个体化治疗和第三方医学检测等领域的高端技术项目,建设高端医疗技术服务平台,打造以个体化治疗技术为核心的国际高端抗衰老养生集聚区。

2.绿色减肥康体治疗中心。建设华东地区最负盛名的绿色减肥康体治疗中心,引入通过运动、饮食控制和行为调整为主要手段的大型绿色减肥机构和国际先进的肥胖病专业治疗机构。建设完善的健身房、卡路里餐厅、封闭式训练营和肥胖病康复中心等基础设施。建设全国著名的山海生态度假式减肥基地,探索开展"健康减肥—生态度假—山海拓展"减重模式。

3.慢病康复愈养基地。依托"阳光、空气、沙滩"资源优势,发展独具特色的慢病康复愈养服务。围绕某些特殊慢性病,如心脑血管疾病、痛风、强直性脊柱炎等,引入全国乃至全球领先的防治机构,研发慢病康复愈养技术,建立慢病健康档案、健康风险评估、健康干预和效果评价的服务体系,打造全国领先的专业性慢性病康复愈养基地。

4.生态健康养生养老基地。结合慢病康复愈养基地建设,打造集现代医疗、保健护理、养老养生休闲、旅游医疗为一体的综合健康养生养老基地。按照患有慢病的亚健康人群和老年人的保健和保养的需求精心设计,提供个性化的综合保健康复方案。

二、积极推动水产品加工业向海洋健康制造转型升级

加强产业链完善配套,推进精深化、融合化、集聚化、特色化、品牌化"五化"发展,将舟山的定海区码头和宁波象山石浦等打造成为国内一流、具有一定国际影响力的水产品精深加工和贸易集散地。

1.精深化。围绕"海洋健康食品"方向,拓展水产品精深加工新领域,做大做强休闲食品、模拟食品、配置食品以及方便食品,推动水产品精深加工业向健康产业领域拓展。

2.融合化。加强对各种资源和要素的有效对接整合,实现渔业捕捞集散、生产加工和流通交易之间的高度联动,实现一、二、三产业间的融合化发展。

3.集聚化。以定海干礁、象山石浦水产品加工园区为核心,适时扩大园区建设规模,结合镇区改造,逐步引导核心区的水产品精深加工企业向园区集聚,不断提升产业集聚度。

4.特色化。鼓励企业间整合重组或优势互补,培育一批"专、精、特、新"特色优势企业,形成以若干龙头企业为核心,以一批特色优势企业为支撑的产业结构。

5.品牌化。积极实施品牌战略,加强地理标志商标和区域品牌的管理和使用,全面提升核心区内水产加工产品质量,加强标准体系建设,进一步提升核心区水产加工业的知名度。

三、以"海洋健康制造＋"模式构建新型产业生态圈

围绕"绿色海洋健康产业"方向,在全面加快远洋捕捞业、冷链物流业、水产品贸易等海洋渔业链式化发展的基础上,推动水产品精深加工业向健康产业领域拓展,构建独具特色的海洋健康制造业;采用"海洋健康制造＋"的创新发展模式,促进海洋健康制造业与新经济模式的充分"嫁接、契合、互融",积极推动创意、文化、旅游、电子商务等新兴业态发展,构建形成多链条、高融合的新型产业生态圈,积极将石浦打造成为浙江富有浓郁海洋渔文化气息的海洋健康特色小镇。

1.加快中心渔港的沿港环境整治。构建完整的渔港景观风貌区,以海洋节庆、渔港变迁历程、渔民文化传统等为主题,挖掘核心区渔民、渔港、渔村等海洋海岛传统文化底蕴和渔业文化特色,打造旅游文化试验区。

2.积极开展健康休闲旅游活动。建设海洋健康食品休闲美食街、渔人俱乐部、远洋主题文化馆和海洋风情商业街等设施,积极开展渔都印象观光、渔港文化节庆、远洋主题文化展示、海鲜美食制作体验、远洋物产购物等健康休闲旅游活动。

3.积极发展健康养生产业。充分发挥山、海、林、滩、岛礁、海鲜美食六大复合养生资源优势,积极发展垂钓、海钓(路亚)、沙滩运动、豪华游艇等海洋运动养生以及深海温泉、海鲜美食养生、生态阳光养生、音乐养生等特色养生产品。

第二节　六　园

一、海洋生物产业专业园

目前,舟山已经有沈家门海洋生物产业园、勾山海洋生物产业园和舟山海洋生物医药产业园,所以这里我们的空间布局主要考虑宁波实际。综合考虑宁波市海洋生物产业现有发展基础、产业配套设施以及产业集聚状况,建议在海洋生物资源丰富及有相当海洋生物基础的象山开辟专门区块,建设海洋生物产业园,作为宁波市未来发展海洋生物产业集聚的主平台。

（一）建设海洋生物产业专业园的必要性

从世界范围来看,海洋生物产业发展的一个典型特点就是以产业园区为载体,进行集中布局与集聚发展。海洋生物产业是典型的知识密集型产业,通过园区集聚发展海洋生物产业,可以充分发挥知识外溢、技术共享、原料与资源循环利用等带来的"外在经济"。

青岛、大连、厦门等在全国海洋生物发展领域具有典型的代表性,从对这些典型区域的实地调研来看,海洋生物产业园不仅是海洋生物企业集聚地,同时也是各类海洋生物研发机构、科研院所、检测检验机构等的集聚地。并且海洋生物研发机构的研发水平在很大程度上决定了区域海洋生物产业的发展。对于核心区内的宁波而言,未来5～10年,海洋健康制造应当是地区重点支持的战略性产业,从这一角度来看,遵循海洋生物产业发展的一般规律性,依托海洋生物产业园,引导相关资源与要素的集聚,是发展海洋生物产业的必然选择。

（二）未来产业发展重点

1. 绿色海洋健康制造。加强产业对接,针对性培育发展海洋功能食品及保健品、水产品精深加工、海洋生物医药等海洋生物产业。重点开发海洋功能食品、海洋生物制品及海洋生物医用材料、海藻多糖等产品,积极推进海洋生物资源的综合利用,发展海洋生物资源综合利用产业等,逐步形成海洋科技创新示范区、海洋生物高技术产业区和海洋生物高技术研发基地。

2. 海洋生物农用制品。应用生物技术等手段,利用多种蛋白源,开发适合特定种类、特定养殖模式的营养平衡优质的水产饲料和饲料添加剂;积极开发海洋微生物源杀虫剂、杀菌剂、农用抗生素等海洋微生物源农药,发展海洋生物农药产业;利用海洋生物中天然多糖、海藻精等开发海洋功能肥料。

3. 健康装备制造。紧紧抓住大健康产业大发展的历史机遇期,积极引进医疗仪器与康复器械龙头企业,以智能化、网络化、移动化为方向,发展现代医疗器械、医用耗材、养老辅具、康复装备和健康智能终端装备等产业。重点引进发展数字化医学影像诊断设备和系统,医用植入、介入器械,康复工程技术装备,新型急救、监护与手术器械,无创、微创医疗器材及设备等。

二、海洋生命健康产业园

根据宁波梅山的资源和规划,可将其打造成为宁波的"海洋生命健康产业园"。目前,梅山正致力于打造"国际海洋生态科技城",其中生命健康产业作为产业平台培育的重大突破之一。根据规划,梅山的海洋生命健康产业园主要涵盖医疗器械研发制造、生物医药研发生产和医疗服务三个方面,着力打造集生产制造、终端服务、公共平台于一体的海洋生命健康产业链,成为宁波海洋生命健康产业的重要基地。到2020年,园区基本建成医疗器械研发制造、生物医药研发生产和医疗服务三大功能区,且每个功能区实现产值超百亿元。

发展重点:

1. 加强硬件设施建设。加快推进海洋生命健康产业园的后续区块建设,将其打造成一流的海洋高科技企业的孵化器和加速器,出台系列优惠政策与举措,为新创办的科技型中小企业提供物理空间、基础设施支持。

2. 促进科技成果转化。将海洋生物产业作为海洋生命健康产业园"招商引智"的重点,以海洋"大健康"创新型初创企业为服务对象,为入孵企业提供研发、人才引进、中试生产、技术转移、金融投资、市场开拓、国际合作等一系列服务,打造引进高层次创业项目与团队、促进科技成果产业化、培育科技企业和企业家的重要载体。着力培养孵化一批具有高成长性和高科技含量的海洋生物科技企业。

3. 加强平台建设。着力推进技术交易市场、公共技术平台、投融资服务平台、科技中介服务平台等公共服务平台建设,引入一批高水平研发机构,构建完备的全链条式海洋生物科技服务体系,着力解决海洋生物科技成果转化受阻的产业发展难题。

三、海洋生物医药产业园

根据宁波宁海现有的条件,顺应国家发展生物医药战略性新兴产业的需要,以研发孵化和科技成果转化为核心,整合海洋生物医药产业发展优势,按照集聚创新资源、突破关键技术、推动产学研合作的总体要求,打造国内一流的海洋生物医药产业发展先行区、海洋生物医药科技创新引领区、海洋生物医药成果转化承载区。围绕海洋生物医药成果产业化发展导向,促进海洋生物医药成果转移,提升海洋生物医药成果转化效率;加快海洋生物医药成果的产业化进程,着力增强生物医药在经济增长中的贡献度。

第三节　三基地

一、水产品精深加工与贸易基地

此基地有两个,一个是以舟山普陀区为核心,一个是以象山石浦水产品加工园区为核心,共同的目标是做大做强核心区的水产品精深加工业。

提升发展鱼油鱼粉生产,延长加工产业链,向鱼蛋白、鱼小肽等保健品和饲料添加剂等方向拓展;宁波依托在建的象山国际水产冷链物流基地项目,加快建设 10 万吨冷库、万吨级码头、渔人码头、台湾贸易交易市场、远洋渔业基地、保税油库等设施,提供健全的金融、海关、商检、公交、边防等配套服务,打造集宁波海洋渔业总部、渔获集散中心、保税冷链物流仓储、出口加工、综合配套等五大功能区为一体的区域性水产品冷链物流基地;舟山依托舟山中国国际水产城及定海的远洋渔业小镇 20 万吨的冷冻及加工能力,提升发展水产品鲜品交易和冷冻加工,保障和拓展海洋生物产业原材料。

二、海洋生物育种及高效健康养殖基地

依托浙江海洋与水产研究所、浙江海洋大学、浙江大学海洋学院、宁波海洋与渔业研究院、象山港水产苗种有限公司及其院士工作站、宁波象山港水产引种有限公司、宁波市水产种业园区(在建)和象山鱼得水水产有限公司、宁波台恒水产有限公司、象山鑫亿水产有限公司、象山红升水产有限公司、象山旭文海藻开发有限公司、宁波浮田生物技术有限公司等科研院所和企业的技术优势和产业基础,结合海洋牧场建设,分别在宁波和舟山两地打造海洋生物育种及健康养殖示范基地。引导和鼓励育繁推一体化,企业建设海洋生物育种创新基地,培育和推广珍、稀、名、特、优海洋生物养殖品种,重点在岱衢族大黄鱼、曼氏无针乌贼、小黄鱼的种苗繁育,藻种库的建立和良种选育,石斑鱼、梭子蟹、南美白对虾、大黄鱼、鲈鱼等品种的高效健康养

殖上形成产业集聚优势。开发和推广生物饵料及优质水产饲料,发展低碳健康养殖新模式。推动海洋牧业、海洋健康制造、休闲垂钓、路亚运动等产业融合,建设一、二、三产业融合发展示范基地。

三、海洋生物科技人才培养基地

产业的发展离不开人才,海洋生物科技的发展除了要大力引进国内外优秀人才外,还要因地制宜培养人才。应以浙江海洋大学、宁波大学及浙江大学的学科和专业为基础,培养核心区的海洋生物科技人才。浙江海洋大学和宁波大学是核心区高校中海洋生物学科最齐全、科研水平最高的两所高校,以这两所大学为基础,建立宁波市和舟山市的海洋生物科技应用型人才培养基地。通过体制和制度创新,搭建校企深度合作平台,在共建、共享、共赢基础上探讨校企合作办学模式和工学结合人才培养模式。加强师资队伍的校企合作,互通有无。聘请国内的知名专家、学者、校长等专业人士来基地讲学,选派学校专家、学者、骨干教师进行校企、校际间的交流合作。由学校和企业共同研究人才培养方案和课程体系,共同研究开发培养人才的教材,共同选定培养人才的师资,共同实施培养人才的计划,逐步实现课程设置与市场需求零距离、教学内容与培养目标零距离,提高校企合作培养人才的针对性和有效性,培养核心区内的海洋生物科研人才。

第七章　浙江海洋经济发展核心区海洋生物产业发展的问题及对策

第一节　浙江海洋经济发展核心区海洋生物产业发展中的问题

通过对国内外海洋生物产业发展的系统梳理以及浙江海洋经济发展核心区海洋生物产业发展现状的调研,可以对核心区海洋生物产业发展做出如下基本判断:尽管核心区内有部分海洋生物企业已具有相当规模,如海力生集团、兴业集团、中国舟山海洋渔业公司、宁波超星生物制品有限公司等在行业内具有较高声望,但总体还是以小型企业为主,而且绝大部分集中在水产加工领域,企业间产品雷同、竞争过度,基本上依靠"量大价廉"来取胜,导致企业利润不断下降,行业毛利率不足8%。目前存在的主要问题如下。

一、原料短缺,价格波动大

导致原料短缺,价格波动大的原因有二:

1. 近海渔业资源萎缩。因核心区的水产加工企业的原料供应主要是依赖捕捞产品,而目前近海资源的逐渐萎缩是全世界面临的一个问题,核心区的渔场资源数量的逐年减少,中韩、中日等渔业协议所带来的捕捞海域缩减等,对水产加工企业的影响较大。据调查,当前发展中面临的最主要问题是原料问题,比例达到50%;有59.6%的企业认为本省原料供应不能满足生产需要,有32.7%的企业认为能基本满足,仅有7.7%的企业认为本省的原料能满足生产需要。

2.远洋渔业发展困难重重。由于近海渔业资源衰退严重,很多企业认识到利用国外资源的重要性,远洋捕捞资源受到越来越多企业的推崇。兴业、舟渔、震洋等大型加工企业以及西峰等头足类加工企业对远洋资源的利用已经占到了公司原料来源的绝大部分。但目前北太平洋、阿根廷和秘鲁等主要捕捞产地受到过度捕捞影响,产量已有回落苗头,远洋捕捞鱿鱼的原料供应将会受到一定影响。今后远洋鱿鱼捕捞还可能面临国际配额制的影响,对核心区加工原料供应产生潜在压力。

由于以上原因,原料价格波动大,严重影响企业盈利。调查显示,2015年舟山有 78.8％的企业认为原料价格上涨,受此影响,61.5％的企业主要产品毛利润下降,仅有 5.8％的企业产品毛利润上升。原料收购方面,有 75.0％的企业认为"原料价格过高",占原料收购问题首位,"原料供应不足""原料收购渠道不畅"分别位列第二、第三,占调查企业的 65.4％、34.6％,表明当前企业对于原料价格快速上涨等问题感受最深,最难应对。在原料价格快速上涨的过程中,企业转嫁成本的能力较弱,产品出厂价格难以同步提高,调查显示,仅 21.2％的企业主要产品销售价格能保持同步上涨,大部分企业的产品销售价格上涨要滞后于原料价格。

二、产品科技含量低,附加值不高

目前,除少数海洋功能食品、海洋调味品和海洋医药保健品外,核心区的水产品精深加工比例不高,初级水产加工品仍多于精加工、深加工产品。企业创新性不足,产品大多低端、附加值低,且能耗高、污染大,对生态环境产生一定破坏。科技含量高的海洋生物产业比重小,成规模的海洋高新技术企业较少。

究其原因主要有:

1.缺乏创新意识。长期以来,海洋生物企业自主创新意识薄弱,对海洋生物产品的开发一直停留在较低水平,缺乏足够认识,致使对以海洋生物为资源的海洋生物产品前期基础研究较弱,积累极少。以海洋生物医药产品来讲,绝大部分为仿制品,且低水平重复建设严重,浪费大量人力物力,导致企业盈利水平不高。企业急功近利现象严重,低水平重复建设问题突出,造成海洋生物产业不能标准化规范化生产。

2.企业规模小,投入少。核心区的大部分企业规模普遍偏小,不能像大中型企业那样普遍采用原材料远洋化、多样化等方式规避风险,更是缺乏大量的资金和高新技术支持。由于投入少,企业的生产设备陈旧,只能维持简单的水产品加工,高附加值产品少。以海洋生物医药产业为例,核心区的舟山虽然起步已有 20 年左右,但是产业仍没有形成集群,规模和产量都偏小,产品和技术上也没有明显突破。目前,除海力生制药公司、浙江兴业集团、中国水产舟山海洋渔业总公司等企业规模较大,年产值在亿元左右,其他企业的产值一般只有几百万元,还有几家刚刚进入试生产阶段。

3.创新能力不强。虽然核心区的企业从国外引进了许多设备和技术,但由于企业自身技术开发、创新能力都比较弱,产品结构趋同。同时由于海洋生物产品的开发涉及养殖、捕捞、现代生物、制药技术等多个领域,需要各个领域的密切合作,单靠一个领域的投入,很难取得产业化的成果。而目前核心区内还没有一个联结多方面科研力量和企业的合作开发平台,相关的研究还非常少并且零散,层次也比较低,难以取得集中支持和规模化效益,距离产业化的目标尚远。同时,行业整体技术创新能力不强,海洋生物废弃物的综合利用率低,迫切需要加快向低值水产品、贝类藻类、废弃物等精深加工领域拓展,提高行业的可持续发展能力。渔获物中的小鱼、小虾及水产加工过程中产生的鱼头、内脏、鱼鳞、鱼骨、虾头、蟹壳及腐烂水产品等大量下脚料常被视为低值原料甚至废弃物,一般占渔获物的 28%。由于技术的落后,现在主要用于生产鱼粉等低值产品,更有作为废物直接丢弃,这不仅导致严重浪费,而且造成海洋、陆地环境的严重污染。国外一些企业已经利用废弃物开发了很多健康有益的产品,但是核心区内多数水产企业目前对这些加工废弃物的利用仍处于比较低的水平,主要是用来生产饲料鱼粉,对其中很多有价值的成分尚未充分提取和综合利用。

三、科研经费投入严重不足

我国投入海洋生物活性物质研发的经费与发达国家相距甚远,如美国投入海洋药物的研究基金达到植物化学药物和合成药物总资金的 11%,而我国尚不到 1%。核心区海洋生物产业科研经费投入严重不足,总结起来,原因有二:

1.海洋生物产业的特点决定。以海洋生物医药来讲,该产业的特点是"三高一长",即高投入、高风险、高收益、长周期。目前我国一个Ⅲ类海洋新药的研发经费约为 500 万~800 万元人民币,一个Ⅰ类海洋新药的研发经费约需 1500 万~2000 万元人民币。多数企业对海洋医药产品的开发认识不足,一般不愿意进行前期投入或投入资金十分有限。而一般科研院所和高等院校在国家经费支持下的新药基础研究一般只有几万到十几万元人民币,科研院所无法靠自己的财力完成一个新药的研发,急需政府的支持和社会民间资本的注入。处于高风险的海洋生物医药企业普遍存在融资困难、资金缺乏的问题。目前,核心区缺少比较成功的科技成果研发平台,多数科研课题投入不够,或者仅停留在研究试验阶段,在产业化方面的研究力量投入太少,影响了该产业的发展速度和水平。

2.缺乏相应的政策激励措施。政府对鼓励企业增加科技投入缺乏行之有效的政策,对于从事生物药物技术开发的企业支持力度偏小,有关企业研发、融资、担保、扶持等方面没有完善的政策支持体系,使投资人没有可靠的风险投资保障与足够的信心,资金投入严重缺乏。同时,随着科技成果产业化过程的不断深入,资金的需求也成倍增长。风险资本已经成为推动生物医药产业发展的重要因素之一,但由于风险投资机制不完善,一定程度上阻碍了科技成果的转化。

四、科研成果转化率低

科技成果转化一般要经过三个阶段:研究阶段、转化与应用阶段和产业化或商品化阶段。国际上,这三个阶段的资金投入比例为 1:10:100,而我国仅为 1:0.7:100。国际上一般认为,科技研发经费占企业产品销售额的 2% 只能勉强维持生存,占 5% 以上才有竞争力。而在我国的企业中,科技投入占企业销售额的比重普遍不到 1%,而且还经常被挤占挪用。

1.科研成果与市场需求脱节。受原有体制和固有观念的制约,科研人员在项目选择上,一般都倾向于从各自学科的研究领域出发,追求理论上的创新,往往强调的是课题的先进性和独创性,而对市场需求缺乏重视,忽视其最终成果产业化的可行性。多数成果在实验室是可行的,但不能满足生产和商品化需要,从而影响了科研成果的产业化。

2.缺乏有效的技术市场中介和高素质的技术经纪人。由于在科研院所科技链和产业链之间缺乏有效的转化中介,直接导致了科研成果转化率低下。以海洋生物医药业为例,浙江的有关海洋生物医药平台基本上都属于海洋生物医药理论或学术性研究平台,缺少比较成功的科技成果研发及转化平台,也没有为具有产业发展潜力的科研成果提供相应的配套保障设施,造成科研成果转化难。

3.投融资渠道不够完善。如海洋生物医药产业作为一个高新技术产业,具有明显的资金需求量大、研究周期长、开发风险高的特点,需要大量人力和财力的投入。目前,浙江对有关项目进行资助更多的是根据项目实际情况一次性给予补助,整个产业的投融资渠道比较单一,主要依靠政府和企业投资,这对需要长期逐步投入的海洋生物医药研究开发项目和推进整个产业的发展,效果非常有限。

4.科研成果转化机制不健全,转化后续能力不足。科技成果在转化过程中需要投入大量的人力、物力、财力,目前,资金问题是制约科技成果转化最关键的问题。尤其是缺乏应用开发方面的投资,而这又恰恰是提高科技成果转化的关键。由于缺少正常的风险投资机制,使许多应该产生巨大经济效益和社会效益的科技成果胎死腹中。同时由于缺乏中试基地,使得大量的实验室成果得不到中试基地的孵化,成果非但不能转化为生产力,而且还浪费了大量前期投入。海洋药物在实验室研发成功后,科研人员可以申请相关专利,但要真正成为一种药品走向市场,需要与企业对接,并经过中试、临床试验、建立生产线、最后投产等过程,整个过程往往需要10~15年,风险大,且需要大量经费源源不断投入,这令许多企业望而却步,也使得一些成果束之高阁。

五、缺乏优秀的专业人才

海洋生物产业是需要综合多种学科的知识和技术才能进行研究生产的领域。与其他省区相比,浙江省的高校数量本来就少,而核心区内的高校数量也不多,人才结构不甚合理,缺乏海洋科学研究的高层次人才,特别是缺少创新型领军人才和技能型人才。浙江海洋大学、宁波大学、宁波诺丁汉大学、浙江万里学院只有寥寥数人在从事海洋药物与保健食品的研究工作,所培养的学生大多从事水产养殖或其他行业,尚无与医药研究机构(院校)和企业联合进行深层次的海洋医药产品的研究开发项目,加上外地各种吸引高新技术人才的政策及发展前景比核心区更加优越,专业人才很难留住。因此,优秀专业人才缺乏已经成为制约海洋生物产品研发速度和水平的重要因素。

六、产业配套机制不够完善

当前,核心区在鼓励企业增加科技投入方面缺乏行之有效的政策和激励措施,对于从事海洋生物技术开发的企业支持力度有限,对有关企业研发、融资、担保、扶持等方面未建立完善的政策支持体系,多数企业没有可靠的风险投资保障与足够的信心进行长期的产业投资,只对现有的终极产品或者短线投资感兴趣,使很多带有技术优势、有市场前景的优秀科技成果无法实现转化。从融资角度看,海洋生物医药的研发资金大多来自于政府投资,更多的资金需要企业自筹。由于海洋生物医药产业的高风险性阻止了资金向产业内的汇聚,加上对海洋生物产业市场前景认识不足,风险投资也多持观望态度。研发资金的匮乏导致企业往往错失市场机会,甚至不得已将研发成果转让。目前,相关部门过于偏重支持有产出和大型企业的新项目。更有甚者,部分企业还进行项目包装,自身没有研发能力,获得的研发资金大部分用于简单的扩大再生产,这无疑是消耗现有资源而非科技进步。

除以上六个原因外,核心区的季节性招工难也是一个重要因素。近年来,低端劳动力成本快速上升,以及核心区本地劳动力供应的局限性,水产企业用工需求紧张现象时有发生。调查显示,2015年,有55%的被调查企业存在缺工现象。一是现有工资水平吸纳劳动力难度增加;二是一批熟练工人到一定年龄后将退出生产一线。由于水产加工的工作环境较为艰苦,工作强度和时间较长,一般本地年轻人很少愿意从事该行业。从调查情况看,外地民工已逐渐成为水产加工业劳动力的主力军,大部分年龄集中在35至55岁之间,产业工人年龄结构相对趋于老化。近年来,农民工工资上涨幅度较大,水产加工作为利润较薄的行业,生产成本逐年上升,给企业造成较大压力。

第二节　浙江海洋经济发展核心区海洋生物产业发展对策

应实施产业集聚融合工程、企业培育提升工程、科创能力提升工程、发展环境优化工程共四大工程,积极推动浙江海洋经济发展核心区海洋生物产业的跨越式发展。

一、产业集聚融合工程

采取精准招商引智、推动产业融合发展、加强区域品牌建设等举措,推动海洋生物产业的集群化、集聚化、品牌化发展,努力提升产业的综合竞争能力。

1.实施精准招商引智。把握国内外海洋生物产业快速发展的趋势,准确掌握国际和国内海洋生物技术创新及产业发展现状,选准特定企业和研究机构,实施精准招商和精准引才,积极赴国内外发达地区开展海洋生物产业专题招商推介会、产业洽谈、投资论坛等主题活动,努力引进海洋生物产业领域的行业龙头企业、科技型中小企业、先进技术成果、优秀人才团队,促进核心区内两市尽快形成海洋生物产业生态系统。

2.推动产业融合发展。构建以海洋渔业和水产养殖为基础,以健康制造业为内核的特色主导产业——绿色海洋健康制造业。重点一是围绕海洋健康食品和海洋生物医药,做强海洋健康制造业;二是采用"海洋健康制造+"模式,积极促进主体产业向旅游经济、休闲经济、文化创意等领域拓展延伸,构建海洋大健康特色产业生态圈。近期重点推进海洋健康制造业和旅游业的有机结合,在产品开发、市场开拓、产品营销等方面实现合作共赢。

3.加强区域品牌建设。围绕海洋健康食品制造、海洋化妆品、海洋生物制药等海洋健康制造领域以及海洋健康养生领域,加速形成核心竞争力。利用中国舟山国际水产城、象山中国水产城、开渔节等平台或载体,提升"海洋健康制造"和"养生天堂"区域名片,扩大核心区海洋生物产业的影响力。

二、企业培育提升工程

实施"135"实力工程,培育一批大中型龙头企业,引领海洋生物产业发展。引导形成一批拥有自主知识产权、自主品牌和持续创新能力的海洋生物科技型企业,依托企业孵化器和加速器培养孵化一批高科技企业,形成层次结构合理的企业体系。

1.扶强扶优战略,实施品牌战略。充分利用现有企业基础和业已形成的产业优势,通过培育和扶持,做强做大一批骨干企业。充分利用现有品牌基础,支持企业提升明珠牌、兴业牌等传统名牌,力争培育市场占有率高、竞争力强、在国内有较大影响的水产名牌产品。鼓励企业走与国内著名食品品牌企业合作的道路,通过贴牌生产,逐步打响水产名牌。同时走整合提升道路,通过以龙头企业的产品或以品牌为纽带,整合资源,实行配套生产或联合经营,增强企业和产品竞争力。

2.推进产品标准化体系建设。按照现有行业优势,引导企业积极制定具有国际竞争力,高于现行国家标准的企业内控标准。重点支持骨干水产品精深加工企业,积极争取国家产品标准化试点,对产品标准被认定为全国性行业标准的企业,由政府按制定产品标准的成本给予适当资助。实施大企业培育五年行动计划。

3.实施核心区"135"实力工程。在核心区推进"135""创亿元、上台阶"等活动,加大对海洋生物产业领域"强势型""实力型""潜力型"企业的扶持力度,推动龙头企业上规模上台阶。力争通过5年的努力,使核心区内海洋生物产业形成超10亿元产值企业1家、超5亿元产值企业10家,超亿元产值企业 50 家的企业层次体系。

4.加大海洋生物高科技企业培育力度。可借助于梅山海洋金融小镇之类的金融企业,发起设立海洋生物产业基金,重点培育一批科技型海洋生物企业。推动海洋生物高新技术企业与科技金融、产业金融深度融合,在项目融资、产业创新、科技研发、成果转化等方面提供相应的金融支持。支持鼓励企业申报国家级、省级农业科技企业,国家级、省、市级科技型中小企业以及国家级省、市级创新型企业。

5.积极推进企业孵化器和加速器建设。以各种创业园科技园产业园等园区为载体,逐步扩大建设规模,加速海洋科技成果转化。突出海洋生物科技型企业孵化,打造"海洋生物高科技孵化基地"。远期可以采用"园中园"的形式,在海洋生物产业专业园内设置海洋生物科技园。

三、科创能力提升工程

针对目前劳动力成本上升迅速的问题,推动海洋科技创新,实施"机器换人"专项行动,开展高科技人才汇聚工程,引导企业建设研发机构等方面入手,不断提高核心区海洋生物技术创新与研发水平。

1.加强宏观调控及协调。可借鉴国内外生物技术产业发展模式和经验,加快制定核心区海洋生物技术产业规划、发展目标和具体的实施步骤。采取部门合作的方式,由政府部门有计划地组织各方力量进行海洋生物技术攻关,并协调相关成果的产业化进程。在产业发展上采取重点引导的方式,以产业规划和发展战略引导海洋生物技术产业和关联产业的集群发展,优先发展一批具有产业引导力的产业类群和大型企业集团,从而带动整个产业链的发展。

2.完善和健全海洋生物技术企业科技进步机制。完善面向海洋高新技术企业的技术创新体系,着力推进企业成为技术进步主体。在政府的协调下,建立生物技术企业和相关科研机构及中介机构的新型合作框架,优势互补,取长补短,发挥各自的特长,加速核心区海洋生物技术产业集群的发展进程。

3.加快建立各种科技孵化园。通过建立各种科技孵化园推动科技创新企业和新企业的增长是海洋生物技术企业发展初期行之有效的措施之一。海洋科技企业孵化器以优良的基础设施和先进的成果转化与中试设备成为海洋生物技术企业创业的首选。通过免费或优惠价格提供企业发展初期产品转化和定型阶段所必需的办公空间、实验设备、生产设备甚至专业技术人才等,为中小海洋生物技术企业成功孵化提供一个完善的服务平台。

4.打破建设海洋生物科技成果转化的制度障碍。一是从建设技术交易市场、公共技术平台、投融资服务平台、科技中介服务平台着手,打造海洋生物科技从基础研究、应用研究、工程化开发到产业化转化的完整的创新链条。二是强化知识产权保护,不断加强知识产权保护协调机制的建设,强化行政保护与司法保护的有机衔接,完善保护知识产权的联合协作网络,建立健全重大案件会商通报、信息沟通、案件移送制度,严厉打击知识产权侵权行为;加大知识产权行政执法力度,完善知识产权行政执法体系,规范执法行为,保护知识产权发展环境。三是积极探索建立"知识产权和科技成果作价入股""技术转让奖励机制"等制度,打通海洋生物科技成果转化通道,吸引高水平的海洋生物科技团队携具有产业化价值的海洋生物科技成果入驻核心区创业或入股参股企业。四是探索建立技术转让市场,将海洋生物技术纳入技术交易平台,加强海洋生物技术成果的转化交易,依托规划建设的海洋生物专业园,打造海洋生物技术成果产业化基地。五是出台海洋生物产业发展优惠政策,研究并出台《关于加快海洋生物产业(或海洋大健康产业)发展指导意见》,从土地、税收、服务政策等方面,结合海洋生物产业专业园,出台系列产业发展优惠政策。将海洋生物产业(海洋大健康产业)作为核心区决胜于未来的重大战略性新兴产业、经济转型升级和跨界融合发展的引领型产业,从区域核心战略高度重点予以支持。

5.积极推动科研单位与大型企业的合作,由企业出资建设设施一流的企业研发机构和实验设施,提高以企业为主体的技术创新能力,为海洋生物技术产业注入生机和活力。

具体做法有:

(1)实施"3个10"海洋生物科技创新提升五年行动计划。在水产品精深加工、海水养殖、海洋生物医药、海洋化妆品等领域,大力实施共性关键技术的研发和科技成果转化应用,选择若干具有战略意义、能显著提高产业竞争力的技术方向,实施一批重大工艺技术、产业共性技术和关键技术的研究开发及应用示范项目。五年共实施10项以上重大共性和关键技术攻关,形成10项以上高水平的自主知识产权,开发10个以上技术含量高、市场前景好的高新技术产品。

(2)开展海洋生物企业"机器换人"专项行动。劳动力成本不断提高,用工难和留不住人成为海洋生物产业尤其是水产品加工行业普遍面临的问题。建议将水产品加工工业纳入实施"机器换人"工程的重点行业,出台政府补助和鼓励政策,进一步提高补助额度,实施一批重点示范项目,以"机器换人"提升"浙江智造"。

(3)实施海洋生物高科技人才汇聚工程。加强海洋生物产业人才引进、培育及人才队伍管理和建设,将海洋生物产业发展紧缺人才列入年度紧缺人才引进指导目录,探索人才服务外包、"候鸟型人才"和"银发人才"挖掘、跨区人才合作等人才引进模式。创新政企人才双向流动机制,设立专项事业编制,支持企业引进高端紧缺人才,同时利用本地高校的基础优势培养海洋生物科技人才。深化人才发展体制机制改革,实施更具吸引力的人才引进培养政策。制定实施"三重"项目企业人才引进支持政策,引进一批企业急需的管理、工程、技术等领域的"高精尖"海洋创新人才(团队)。择优选择一批市级众创空间创客人才项目,扶持创新人才创业。制定"工匠"引培政策,引导企业引进培育急需的领军型技能大师和技术能手。制定"海外工程师"引进政策,大力集聚海外人才。

(4)引导企业建立研发机构。引导和支持企业不断完善内部技术创新体系,支持龙头企业依托自身科技研发资源建设重点实验室、研发(技术)中心和工程中心、博士后工作站等研究开发机构。"十三五"期间,力争在国家级以上企业研究院建设上取得新的突破。

四、发展环境优化工程

大力推进海洋生物产业公共服务平台建设,打破海洋生物科技成果转化的制度障碍,出台海洋生物产业发展优惠政策,不断优化区域海洋生物产业发展环境。

1.改变政府无偿投资方式。采用政府资金市场化投资运作方式,成立独立运作的政府风险投资基金。加强对各级政府创业投资中心的引导和管理,引导、拉动民间资金投入海洋生物技术产业。对具有发展潜力但有较高风险的各种成果转化活动,以政府的财政信用为后盾,为交易双方提供担保,保证有足够的资金推动海洋生物技术成果产业化进程。

2.采取多元化的科技税收优惠政策。在产业税收政策上,可采取多样化的科技税收优惠方式,鼓励中小型海洋生物技术企业的健康发展。由以直接优惠为主向间接优惠为主转变,逐步改变所得税减免、适用低税率、允许税额扣除等直接优惠措施,推行研发投资抵扣、亏损结转、费用扣除、提取风险准备金等间接优惠措施,有利于形成政策引导市场、市场引导企业的有效优惠机制。

3.依托资本市场,发展海洋生物技术产业。逐步培育具有潜质的优秀海洋生物技术企业,并扶持上市,实现在海内外资本市场上的融资。充分发挥银行的支持作用,创办浙江省海洋生物技术产业投资服务公司,为海洋生物技术企业和有关项目进行投资贷款担保。

4.积极推进公共服务平台建设。搭建具有公益性、开放性、基础性的科技条件和服务平台,提升公共技术服务水平,为海洋生物产业发展提供高质量的各类技术服务。一是充分发挥海洋生物产业联盟的平台功能,推进海洋生物产业发展共性技术和关键技术领域合作开发,搭建企业与科研院所之间的对接平台,为产学研合作开发提供创新资源共享服务和技术转移服务。二是支持有关企业从公共检测/检测服务平台起步,建立贯穿海洋生物制品全生命周期的公共开发和检测服务平台。三是在投融资综合服务、海洋生物制品分销服务、产业集群协同创新等领域,逐步建立与产业发展相适应的公共服务平台。四是积极引入海洋生物研发机构,积极争取中科院海洋研究所、中国水产研究院东海水产研究所及中国海洋大学等科研院所来核心区设分支机构。

5.大力发展涉海金融服务业。完善财政对科技投入的稳定增长机制,创新投入方式,加大政府财政科技资金的引导作用,引导银行、保险、证券、创投等社会资本投入科技创新,形成多元化科技投入体系。积极开展知识产权质押融资、科技保险、科技融资担保等金融创新服务,建立科技金融风险补偿机制,研究设立创客引导基金、科技人才专项基金。加快构建多层次、广覆盖、可持续的海洋经济金融服务体系。发挥政策性金融在支持海洋经济中的示范引领作用。鼓励各类金融机构发展海洋经济金融业务,使有条件的银行业金融机构在风险可控、商业可持续前提下,为海洋实体经济提供融资服务。鼓励金融机构探索发展以海域使用权、海产品仓单等为抵(质)押担保的涉海融资产品。引进培育并规范发展若干涉海融资担保机构,充分发挥海洋产业发展基金的引导作用,引导和鼓励地方县市区设立海洋经济创业投资引导、科技成果转化、知识产权运营等专项基金,引导信贷资金、创业投资资金加大投入。鼓励各类各级金融机构在核心区设立专业性的海洋分支行,开展海洋科技保险、担保、知识产权质押等科技金融服务,加大地方财政支持海洋生物产业的发展,利用民间资本充裕的优势,加强国、民资本合作,鼓励和吸引社会各类投资主体,通过 PPP、众筹、直接投资、股份合作等形式,进入海洋生物产业领域。

附　　件

附件 1　国外典型海洋生物产业园区介绍

一、法国布列塔尼(Brittany)海洋园区

该园区位于法国西北部的布列塔尼半岛西端,布雷斯特港的北岸。园区成立于 1988 年,占地 107 公顷,是法国的海洋科研中心(这里有法国海洋开发研究院布雷斯特研究中心)。集中了法国 50% 以上的海洋科研人员和机构。同时园区还具有优良的硬件环境,以保障园区的有效运作和发展。园区建立的初衷是为了保持并进一步扩大法国乃至欧盟在海洋科技领域的领先优势,园区现已发展成为法国最重要的海洋科研和制造基地。

园区属于国际级园区,和普鲁旺斯—阿尔卑斯—蓝色海岸园区产业互补,有 5 万名海洋相关的工作人员,是重要的港口和海军基地,也是最主要的民用吞吐港,是海洋生物产业最密集的聚集地,也是欧洲海洋安全业的领导者。

园区特点:(1)园区的理念是将集聚的技术能力转化成产业,园区为企业的安置提供建议,也对企业的初期建设、设施设备等给予帮助,它的管理机构起到支持、协调和激励的作用;(2)园区推崇三边优势力量相互支持平衡发展的模式,即企业—高等教育机构—研发机构,并将其发展成一种网络形式,这种形式使得原有区位优势得以巩固;(3)园区优良的区位条件保障

了海洋科研各种要素来源的稳定性。

主要企业：泰雷兹（欧洲海洋安全业领导者）、DCN、威立雅、Timac、布列塔尼船舶修理、Plastimo、SECMA Agro Fournitures、Codif International、GIE France Thon、法国抗脂研究所、法国 SNEF 集团、Martec SERPE－IESM、SA Chantiers Piriou、Barillec、Thales 公司、Cabasse 公司和 Greensys 公司等，道达尔等大型企业和 IXSEA，PLASTIMO，MARTEC，ECA 等中小型企业。

研究机构：法国海洋开发研究院、法国国家科学研究中心、内陆水域生物地理中心、法国保罗—艾米尔—维克多极地学院、发展研究学院和海藻研究及推广中心和法国气象中心等，共有 2900 位研究人员和工程师。

主要大学：Lanvéoc 海洋学院、布雷斯特国立军事工程学校、西布列塔尼大学、南布列塔尼大学、雷恩一大、国立民用航空学校、布雷斯特国立工程师学校、高等技术工程师学校等。

主要研究方向与目标：海洋安全与防卫；军舰工程、维护与服务；海洋能源开发；海洋微生物资源开发、沿海环境与工程等方面走在世界的最前沿。

二、美国三角（Triangle）海洋产业园区

该园区位于美国南部德克萨斯州休斯敦东面的博蒙特市。园区占地7000 英亩，有 136 家公司及 37600 名员工入驻。产业园成立于 1959 年，由当时的商业、学术、工业界的领导者发起组建。1956 年 9 月，三角研究委员提出要在 Duck 大学、N. C. 州立大学以及北卡罗来纳大学之间建立研究园区。1958 年 8 月，三角研究委员会主席 Robert Hanes 提出两点重要建议：改名为北卡罗来纳三角基金研究委员会（RTF）；为委员会寻求社会捐助。1959 年 1 月 9 日，地方长官 Luther Hodges 正式宣布，Davis 筹措基金已经筹集了 1425 万美元，并设立 RTI 国际组织。至 2006 年已有接近 136 家公司或研究机构入驻产业园，超过 37600 名员工在此工作，人均年薪约 56000美元。两大世界知名公司 IBM 和葛兰素史克在园区内分别设有全球最大运营点之一和最大的研发中心。其他著名企业还有北方网络、思科、索尼爱立信、巴斯夫、Biogen IDEC、Syngenta 等，以及一系列的美国联邦科研机构，如美国环境保护协会、国家环境健康科研研究院、美国林业服务部等。

园区成功的原因：(1)实事求是，因地制宜，地方政府的前瞻视野和合理介入，为园区发展把握了方向，确保其长期有序发展；(2)前瞻性视野下把握宏观经济和技术战略，坚持构筑自身产业特色；(3)与大学的联系和互动是

园区赖以生存和发展的基础;(4)作为全美最早最大的单一整体式高科技园区,其核心的理念即是立足建设长远的整体环境,宁可牺牲总的建设量也要确保能保护自然环境的平衡及土地的完整结构。

园区特点:(1)位于企业密集区;(2)生活品质高,房价低,完善的教育体系,多样的餐饮可供选择,丰富的户外休闲活动以及优良的商业环境;(3)这一地带位于一个主要的管道运输走廊,有各种类型的化学制品被送到当地的工厂和工业设备中;(4)管道运输品包括氢气、氮气、氧气、天然气和各种私有制品;(5)Entergy 有限公司提供的电气服务;(6)通过使用需要小键盘输入的门形入口,以保证安全性。

三、美国麻省生物科技园

美国麻省生物科技园创建于 1985 年,是美国最重要的生物技术研究和生产中心之一,属于伍斯特(Worcester)商业发展公司。科技园由生物科技公司、非盈利的学术机构和一些服务设施组成。

科技园的生物科学研究是在麻省生物研究所(一个非营利的教育和科研公司)的领导下进行的。生物科技园通过吸引大公司和促进小企业的发展,加速了科学技术从学术研究到商业应用的转化。

竞争优势:(1)可以随时提供相对廉价的土地,可提供用户需要的一流的实验室和办公场所;(2)麻省大学医学中心图书齐全的医学图书馆,医学院一流的设施、专家和教学医院;(3)科研力量雄厚,其附近有 8 所学院和大学,包括占全国医学院前 20 名的麻省医学中心;(4)有规模较大的包括科学家和半熟练工人在内的就业群;(5)有提供医学试验设备和材料等必需品和服务的公司;(6)有便利的交通,迷人的自然风景和统一规划的建筑,有适用于各种用途的办公设施和便利的生活娱乐设施。

四、加拿大温哥华海洋科技园区(VITP)

温哥华海洋科技园区坐落于加拿大西南部大不列颠哥伦比亚省的首都维多利亚市。作为太平洋地区的战略要地,该园区是科技活动的主要中心,与温哥华、西雅图、波兰特、旧金山和其他太平洋地区等地交通连接非常方便。温哥华海洋科技园区(VITP)属维多利亚大学。园区提供完备的物质基础设施,为新兴和成长中的科技企业提供地方和资源,以促进温哥华岛科技集群增长。VITP 以其精湛的学术和生物技术享有很高的声誉。坐落于园区的 23 家企业共有 1200 位员工,每年直接为大不列颠哥伦比亚省贡献超过 7500 万美元的经济收入。

VITP 为高科技集群：信息技术、交通、科技；无线电；新媒体；生命科学；环境技术；动力技术/能源和海洋技术等。市内聚集了三所地方性世界级专科学校：维多利亚大学、卡莫森学院和皇家大学。温哥华岛，尤其是维多利亚市的一些辅助团体也在为成长中的科技行业走向成功推波助澜。

VITP 拥有超过 184000 平方英尺的可租面积，并开发 255000 平方英尺土地，为成长中的科技企业创造理想环境。用途灵活、高效、多样，可用于实验室，高新技术生产或信息技术。VITP 完善的基础设施——包括一流的能源供应，光纤通信，无线宽带连接和专科教育机构——为入驻园区企业及高新技术产业提供扶持。园区可提供实验室、专业电子和排气系统以及最新的数据传输技术。可以完全满足现有企业不断变化的需求，也可以满足创新企业的需要。VITP 按 P12 划分区域以供研究和科技发展之用。

商务中心——VITP 的核心——包括可容纳 98 人的多功能会议室和一间行政视频会议室，会议室都装有最新的视频和音频技术。园内企业可以在商务中心进行培训教育、股东会议和其他特别活动。中心也可作为学术研究者、风险投资者、投资银行家以及所有的高新技术协会等专家讨论会的特别会场。

与加拿大和美国的其他城市相比，VITP 提供的办公成本较低，起始价格比仅 15 分钟车程的市区低很多。VITP 奉行"注重生活质量"的健康工作理念，配备以下一些公众设施，如园内的硬盘咖啡厅和休息室，健身机构，健康中心，室外篮球场，与地区道路体系相连的步行和骑车道路，以及公共交通运输直接通道。可以说，VITP 是一个生活、工作和娱乐的优选之地。

五、英国欧洲海洋生物技术中心产业园

该园区位于英国，是欧洲最著名的海洋生物产业园区。成立于 2004 年，是新兴海洋生物产业公司的孵化场所。园区建立的目的是提供一个具有支持性和事业性的创业环境，创业公司在自身发展的同时可以与中心的海洋研究实验室进行协调合作，形成聚集效应，促进中心的产业发展。园区在近十年的发展中不断壮大，产生了良好的经济效益和社会效益。

代表性企业：Aquapharm Bio-discovery Ltd 公司、GlycoMar 公司和 Molecular Tools Europe 公司等。Aquapharm Bio-discovery Ltd 是英国一家专注于生物活性的提取和创新性生产的公司，公司的主要业务包括营养食品、药用化妆品和制药生产，GlycoMar 公司利用专利技术从海洋生物中提取海洋无脊椎动物糖以改善人类健康，公司具有创新性药业探索的传统。

园区特点:(1)建有一个强有力的品牌和沟通战略,提升欧洲海洋生物技术研究中心的形象和知名度;(2)利用英国特殊的地理位置和开放政策不遗余力地加强各国各地区和欧洲不同层面的合作与支持,促进中心海洋生物研究和项目的发展;(3)显著改善技术转移路径,夯实基础以支撑学术研究与产业间的互利合作,制定有利于中小企业参与、保护知识产权和学术交流自由、协调海洋基因资源的利益分配的机制。

六、美国大西洋海洋生物园

该园区位于美国东部罗得岛州罗得岛,园区目前主要是由罗得岛经济开发公司进行开发,大西洋海洋生物园区无论从资源还是人才方面讲,都是世界一流的海洋生物研究中心。

园区特点:(1)作为正在迅速成长的海洋生物和水产业的世界中心,24000平方英尺(3.4亩)的大西洋海洋园区拥有独特的地理优势。(2)拥有最先进的技术,随时可以面对把研究成果转化为市场产品的挑战。(3)大西洋海洋生物园区为研究者和成长型小企业提供帮助。(4)园区为企业进行科研孵化,也帮助研究者转化其成果建立具有盈利能力的公司。(5)吸引海洋生物和水产研究人员建立公司,转化其成果。

七、美国弗吉尼亚生物技术研究园

弗吉尼亚生物技术研究园(Virginia Biotechnology Research Park)始建于1990年,位于弗吉尼亚州首府里士满(Richmond)市,由弗吉尼亚联邦大学、弗吉尼亚联邦政府以及里士满市合作建立。弗吉尼亚生物技术研究园在美国科技园中虽不是最早的,但条件是最好的。里士满没有诸如哈佛、耶鲁之类的名牌大学,当地头号高校弗吉尼亚联邦大学虽然拥有两万多名学生,也不过几十年历史,但是,这所大学依靠创新战略成为高技术人才培养基地和高技术公司的集聚地。为配合当地的高技术发展计划,联邦大学重点实施了两个项目,一是利用州政府拨款2800万美元建设的生命科学楼;二是依靠私人捐赠建设的工程学院。涉及电子、生物、化学和机械四大领域的工程学院虽然只有几年历史,但在美国同类学院中却名列前茅。

研究园董事会由政府、研究机构、大学和企业构成。弗吉尼亚联邦大学依靠创新战略成为高技术人才培养基地和高技术公司的集聚地。经过十多年的不断发展,弗吉尼亚生物技术研究园被评为美国国内最优的生物技术园区之一。

八、德国海德堡科技园区

园区创建于 1985 年,是一个迅猛发展的国际科学园,为专门从事生物技术、生物信息学、医药技术和环境技术研究的公司提供设施和管理服务。其股东是海德堡市政府和莱茵奈克工商会。海德堡科技园以生命科学中心著称,位于海德堡市大学校园及其他市区场所,占地面积 16500 平方米。

园区优势:(1)交通便利。园区与各主要交通枢纽之间的交通十分便利,去法兰克福国际机场,乘火车仅需 35 分钟,汽车 45 分钟,是欧洲科学、商务和社会生活的中心门户。(2)研发氛围浓厚。海德堡科技园区能提供非常灵活实用的实验室和办公空间,在科技开发方面与欧洲分子生物实验室、德国癌症研究中心、海德堡大学高分子生物学中心、诺尔公司、罗切医疗公司以及莱茵奈克生物科学研发三角地区的 80 家中小型生物技术和生命科学公司有密切的合作关系。(3)政府重视。除海德堡市政府之外,在符腾堡州和德国联邦政府也有举足轻重的地位。2001 年 5 月,美国费城科技信息所研究报告称之为"德国最重要的研究基地"。

九、加拿大思波特(Sydport)海洋产业园

位于加拿大东部新斯科舍(Nova Scotia)省悉尼(Sydney)市悉尼港的西面。思波特海洋产业园区所在地原先是二战时期的加拿大海军基地。1965年 7 月,海军撤出该基地后,该区由联邦部门接管。1969 年 12 月 1 日,Cape Breton 发展公司开始在区域内建设海洋产业园。到了 20 世纪 90 年代中期,加拿大联邦政府设立港口财产权程序将园区产权和港口控制权转交给当地政府。1999 年,Laurentian 能源公司买下了思波特海洋产业园区及其设备。

Sydport 海洋产业园在通向油气田和通往世界市场的地理位置上具有较大的优势。在新斯科舍省的东北端,Sydport 海洋产业区比任何位于北美洲大陆上的其他港口距离欧洲都要近,从而提供了穿越大西洋,通往英国岛屿和北欧的最短通道。

园区优势:(1)距离主要航道较近,位于海洋资源的中央区域,港口全年的潮汐很小,水深且提供领航服务。(2)港口边缘具有大片绿地,广阔的深水区停泊区域,铁路、公路、海路和航运交通便利,卡车和铁路运输枢纽,海事修理,焊接、制造和加工,海滨工业用地,技术人员储备丰富,进驻企业众多。其中很多提供海运支持服务。

十、日本神户医药园区

1995 年的阪神大地震使神户的经济遭到严重破坏,经济水平至今只恢复到震前的 80%。为了重振经济,神户市提出了建设"医疗产业城"的构想:在神户人工岛上建立一个经济科技园区,吸引国内外知名的医药企业设立高科技研究中心,并将研究成果转化为产品。园区工作人口基本上都是候鸟式的,工作在园区,住在神户。园区也提供健康服务,如为每一个进入的工作人员提供全身体检。

园区主体功能:在 10 年多时间里,神户医药园区相继引入神户大学、医院等设施。园区由三个核心产业组成:医疗机器开发、药品临床研究和再生医疗的临床应用。建有尖端医疗中心、发生·再生科学综合研究中心、医疗产业支援中心和培训中心等大楼。尖端医疗中心(IBRI)从事与医疗设备、再生性药物的临床测试和临床应用相关的最前沿研究。理化学研究所下属的发生·再生科学综合研究中心(CDB)和神户临床研究信息中心(TRI)是 IBRI 研究能力的有利补充。同时,神户临床研究信息中心还是联系基础研究和临床应用的基地。

优惠政策:为了吸引制药企业和研究机构前来医疗产业城安家,神户市政府制定了许多优惠措施。首先设立了 20 亿日元的研究开发支援基金,为资金不足的企业提供支持。其次,进驻企业前三年在技术园区内的办公室租金全免,在固定资产税方面也可获得减免。

十一、加拿大海洋创新产业园

该园区成立于 2001 年,位于加拿大魁北克省,其目的是将魁北克地区的海洋研究机构和海洋经济产业的创新需求联系起来,在两者之间架起一座桥梁。这样,海洋创新组织产业园成立了区域性的知识技术中心,为魁北克海岸地区和其他各地区的海洋海事公司解决技术难题。同时组织自身也从事海洋生物技术的研究,迄今为止已完成超过 100 项的研发实施项目,为海洋生物产业的发展提供了强大的动力支持。加拿大对海洋生物科技的发展着重从联邦和省级两个层面上进行统筹。"创新依托机构"(Innovation—support Organizations)在加拿大海洋生物技术发展中发挥了独特的作用。依托于此类机构所构造的知识型基础设施(如高等教育机构、职业培训机构和商业会等),加之政策的扶植与运用,使得企业(包括上游和下游的企业)以"创新依托机构"为中心进行聚集。海洋创新组织产业园正是魁北克地区最为重要的创新依托机构。

园区特点:(1)先依赖于其建立的广阔合作网络,其中包括区域性的机构(如魁北克海洋协会、魁北克大学等)和联邦机构(加拿大渔业及海洋部);(2)创新组织的融资包括企业的支持资金和政府机构的支持资金,与此同时,组织还与其他合作伙伴共同创建针对海洋生物产业的"孵化器"。

因此,这里以海洋创新为中心形成了一个产学研互动发展、各种机构有效合作、海洋创新组织综合管理的海洋生物产业聚集地,成为魁北克地区最大的海洋生物产业园区。

十二、澳大利亚弗雷泽(Frazer)海岸海洋产业园

该园区位于澳大利亚东部昆士兰州弗雷泽岛,是在马里伯勒市议会与澳大利亚国家发展创新部门的合作下推动建成。该园区建在列斯莱里奇的马里河边一个 64 公顷的完整区域内,经过格兰威尔,属于在中央商务区所及范围之内。"弗雷泽海岸"涵盖了马里伯勒市和伯努瓦湾以及 Cooloola 和 Tiaro 的一些郡。这一区域拥有著名的世界遗产"弗雷泽岛屿"。"流沙大峡"位于弗雷泽岛屿和大陆之间,是澳大利亚的一条主要的保护性水路,为商业捕鱼和行船提供场所,也为休闲活动提供了一个很好的水中环境。弗雷泽海岸区域坐落在澳大利亚的东海岸,从这里前往州首府布里斯班,乘车需要 3 小时,乘航班需要 50 分钟,而布里斯班也正是国际空运和海运的联结点以及入境服务的国际口岸所在地。马里伯勒市、铁罐湾和伯努瓦湾在传统上为游艇业提供一系列配套措施。而弗雷泽海岸的海洋产业园则是辅助和扩充所需配套服务的一个崭新的开始。马里伯勒市议会出于发展弗雷泽海岸海洋产业园的目的,保护了这一区域范围内 65 公顷的土地,600 米长的河岸也包括在其中。

弗雷泽海岸海洋产业园的设计目标是要提供具有世界水平的设施,为以下几方面提供便利:(1)游艇和轻型船只的制造;(2)好的海洋产品的设计和制造;(3)500 吨以上的船只的维护和修理;(4)专业海洋服务的提供,包括计划、项目管理和工程设计;(5)成立海洋贸易培训学院,提供海洋技能培训,由教育者们进行海洋科学的传授和海洋工程的培训。

附件 2　国内典型海洋生物产业园区介绍

一、江苏盐城海洋生物产业园

盐城海洋生物产业园地处江苏国家沿海开发战略的核心部位——大丰港经济开发区内,已被认定为省级海洋生物产业园、国家科技兴海产业示范基地、国家盐土农业科技园区、国家 AAA 级旅游景区等。园区规划建设面积 10 平方公里,2010 年 8 月 16 日开工建设。园区下辖一园一院。一园即盐土大地海洋生物产业科技园,一院即江苏海洋产业研究院。园区以培育海洋高新技术企业、提高海洋高新技术产业化规模和促进产业聚集为目标,着重培育"海洋生物、盐土农业、蓝色旅游、海洋慧谷"四大特色产业,主攻海洋生物医药、海洋生物食品、海洋生物化工、海洋生物能源、海洋生物新材料五大方向。

截至目前,已建成规划展示馆、3 万平方米连栋大棚(耐盐特种蔬菜高效栽培)、3 万平方米智能温室(耐盐苗木扩繁中心)、1.5 万平方米科技服务中心、1.8 万平方米海洋科技馆、1.2 万平方米海洋生物产业孵化区、3.3 万平方米黄海药谷海洋生物药研发中试基地等。

围绕海洋生物医药和海洋生物食品项目,园区积极招商,突破一批海洋生物产业项目。目前,新落户的亿元以上项目达到 7 个,江苏明月海藻一期工程项目、诚康中试研发及生物药 2 个项目已竣工。甲壳素可运用于医药产品、化工产品、美容产品、农业工程等,前景广阔。围绕甲壳素,该园区正积极吸引企业入驻。江苏金壳生物医药科技有限公司的甲壳生物多糖项目,环球卡拉胶、琼脂项目已进驻。

盐城海洋生物产业园将全力提升产业化水平,近期以海洋生物医药、蓝色旅游为建设重点,努力构建海洋生物医药研发与孵化平台,打造海洋生物医药产业集群,通过突破项目,建立平台,力争把园区打造成百亿元园区。

二、深圳大鹏海洋生物产业园

大鹏海洋生物产业园位于深圳大鹏半岛的大鹏街道,东临大亚湾和大鹏湾,总体规划面积约 25.5 万平方米,建筑面积约 21.9 万平方米。盐坝高速、核坝路的通车使大鹏海洋生物产业园与广深高速、水官高速以及深南大道连接起来,可快捷到达深圳市中心、机场及广州等地。

（一）重点产业

园区所属的大鹏新区拥有温和的气候环境以及 4000 余种海洋生物,为海洋生物产品的研究提供了良好的资源条件,是发展海洋生物高新技术产业的宝地。园区重点发展海洋生物资源的综合开发与利用、海洋生物质量检测技术、海洋环境生态修复、海洋水产品精深加工以及海洋生物能源开发等。

（二）园区配套

园区周边各项配套设施正在不断完善当中,其中坝光人才安居区、下沙人才安居区共计能为园区提供约 18 万平方米的人才安居房。而葵涌新城和大鹏新城,作为大鹏新区的城市综合服务中心,为园区提供生活配套服务。

规划中的大鹏新区人民医院定位为三级甲等综合医院;市第十一高中定位为市一级寄宿制高级中学;2012 年新区集中启动的 5 个五星级酒店中,文华东方桔钓沙酒店、龙歧湾白金酒店项目已封顶。

（三）代表企业

深圳市大鹏新区海洋生物产业园自 2009 年 11 月开园以来,已有多家企业入驻,如深圳市环球联众生物科技有限公司、深圳市深博泰生物科技有限公司、中科海世御等。

园区在扶持企业发展方面推出了多项产业优惠政策,其中有《大鹏新区关于加快培育战略性新兴产业发展的实施意见》和《大鹏新区关于加强科技研发技术创新的若干措施》,以鼓励更多优秀的大型海洋生物类企业入驻园区。

（四）人才引进

为吸引高层次人才,大鹏新区制定了"鹏程计划",每年安排 3000 万元,设立人才发展资金,用于中高层次人才和紧缺人才的引进、培养、资助等。新区每两年将评选 3～5 名"鹏程杰出人才",给予 30 万～50 万元的奖励。经新区认定的人才可以按照相应人才级别,分别享受人才特殊津贴、租房补贴、培养经费资助等多种人才待遇,并获得协助解决家属工作及子女入学教育等问题。

三、福建诏安金都海洋生物产业园

产业园成立于 2009 年 7 月,总规划面积 18 平方公里,重点发展海洋生物制品、海洋生物医药材料、海洋生物育种和健康养殖、海洋生物服务产业及海洋生物综合配套产业等五大领域。目前已入驻海洋生物企业 8 家。2013 年海洋生物企业产值 1.4 亿元,税收 1400 万元。是"国家科技兴海产业示范基地"和福建省首批"海洋产业示范园区"、福建省"现代渔业产业园区",也是国家教育部科技发展中心"蓝火计划"中的"海洋生物产业技术转移示范基地"。

（一）资源优势

诏安县地处福建省最南端、闽粤交界处,素有"福建南大门"和"漳南第一关"之称,是传统的农业大县和省渔业十强县。全县总人口 60.73 万人,渔业人口 8.7 万人,陆域面积 1291 平方公里,海域面积 273 平方公里,海岸线长 88 公里,海水养殖面积 8 万亩。拥有海水育苗场 62 家以及海利、燕锋、东欣、安邦、国海、铭兴及新万亚等规模化海产品加工企业 70 多家,2012 年,全县水产品总产量达到 26.2 万吨,总产值 33.7 亿元,创汇 4.1 亿美元,纳税 1.1 亿元。海洋传统产业基础雄厚,发展海洋生物高新技术产业具有得天独厚的优势。

诏安港区是漳州市七大港区之一,毗邻著名的台湾浅滩渔场,海水水质优良,营养丰富,适于各种海洋生物繁殖与生长,有植物 200 多种,浮游生物 607 种,鱼类 213 种,软体动物 212 种（含贝类）,节肢动物约 72 种,底栖生物 305 种,为发展海洋生物产业提供了良好的生物资源基础。

（二）发展规划

产业园的概念性规划、控制性详规由厦门市城市规划设计研究院编制,并荣获"福建省优秀城乡规划设计总体规划类二等奖"。福建省海洋与渔业厅专门组织了"诏安金都海洋生物产业发展研讨会",邀请国内十多位海洋生物领域著名专家进行论证,专家认为:产业园的建设,有利于海峡两岸在海洋生物上展开同步的开发合作,实现技术研发、产业化运作等优势互补性;有利于诏安探索出一条县域经济发展中如何发展高新技术产业的新途径。同时,可以完善福建省海洋经济产业布局,成为辐射粤东和珠三角、联系闽粤两省的"桥头堡",成为对台经贸合作重要的平台。

围绕争创国家级海洋生物产业园区这一核心目标,产业园计划开发 10 个以上具有全球专利保护的海洋生物产业重要技术,转化成果 25 项,培育 10 家年销售收入超亿元的龙头企业,海洋生物产业产值达到 100 亿元,成为福建省乃至全国重要的海洋生物产业基地。

（三）优惠政策

1. 土地政策

（1）区内土地出让：执行国家有关政策（含"六通一平"建设及国有土地使用权证办理）出让，出让金按照福建省工业用地规定的最低价款并根据地块的实际情况，企业可进行分期付款。园区设立企业发展基金，用于扶持区内企业做大做强，扶持额度实行"三挂钩"制度（即与建设进度挂钩、与投资规模挂钩、与产出效益挂钩）：区内的企业从土地交付之日起三个月内动工投建厂房的，园区支持企业 1 万元/亩作为基础设施建设补助资金；一年内实现投产的，园区再支持企业 1 万元/亩作为基础设施建设补助资金；年内（含建设期）平均每亩土地产生的年税收达 6 万元，园区支持企业 5000 元/亩作为技术创新补助资金，每亩土地产生的年税收每提高 1 万元，再支持企业 1000 元/亩；投资规模较大的，可另外约定。

（2）区内新建的生产型企业，投资主体属于全球 500 强企业，投资总额达到 2 亿元，园区支持企业 200 万元人民币作为基础设施建设补助资金；投资主体属于国内 500 强企业或国内主板市场上市的公司，投资总额达到 1 亿元以上的项目，园区支持企业 100 万元人民币作为基础设施建设补助资金。

（3）区内新建的生产型、科技开发型企业和项目、全球 500 强企业、国内 500 强企业、上市公司、国家级高新技术项目，经审定后，在土地供给方面按规划要求给予地块的优先选择权。

2. 财税政策

（1）入区企业投产后两年内所产生的所得税地方留成，园区提取 40％支持企业作为技术创新补助资金，第三、四、五年企业所得税地方留成部分的 30％支持企业作为技术创新补助资金。在此基础上，五年内若年缴纳税收达到 1000 万元以上（含 1000 万元）的，园区再支持企业所得税地方留成部分的 5％给企业作为技术创新补助资金；缴纳的年税收达到 3000 万元以上（含 3000 万元）的，园区再支持企业所得税地方留成部分的 10％给企业作为技术创新补助资金。

（2）入区企业投产后三年内增值税本县留成部分的 20％支持企业作为技术创新补助资金。

（3）五年内缴纳的土地使用税和房产税，园区拿出 50％奖励入区企业。

3. 服务政策

（1）基础设施由区管委会负责建设，实行"六通一平"（即通路、通电、通信、供水、排水、排污,土地平整)。

(2)实行"一站式全程服务"。区内企业需办理立项、注册登记、规划、土地、建设、电力等有关手续,均由区管委会按照"一个窗口承办、一条龙跟踪服务"的方式代办;环保、消防等手续由管委会指定专人配合办理。

(3)实行"规费减免"。区内企业免收行政事业性收费(注册登记费除外),免收基础设施建设配套费,免费提供项目用地红线图(地籍测绘、拨地定桩)。

(4)实行"封闭式"管理。各部门、各单位对区内企业进行检查、考评等,必须向县工业领导小组报备,经同意后由区管委会统一安排。

4. 其他政策

(1)投融资政策:区内的生产型企业和项目,区管委会负责协调金融财政部门,帮助项目业主争取贷款、政府专项资金补助和贷款贴息等。

(2)激励政策:入区企业获得国家级高新技术、中国名牌、中国驰名商标称号的,除各级政府奖励外,园区再奖励企业10万元;区内企业为核心在国内主板市场上市成功的,园区奖励企业300万元,区内企业为核心在国内创业板市场上市成功的,园区奖励企业100万元。

(3)帮扶政策:协助企业办理科技成果鉴定、高新技术产品认定及专利申请,配合对接科研机构的项目成果及争取相关部门的配套资金。经省及省级以上部门批准的高新技术产业化项目,被列为市重点技改项目的,优先安排财政技改贴息,优先推荐申报国家、省科技项目计划,优先推荐申报国家科技型中小企业创新基金。

(4)孵化政策:鼓励科研院所建立孵化基地,对孵化项目给予相应的资金配套、研发补助,对孵化项目科技人员及家属给予社保、培训、住房等补贴,补贴标准按"一事一议"给予特别优惠。鼓励国内外高校、科研单位在园区自行建设研发基地,园区优先提供15亩土地供其建设,运行满5年后,研发产品获得高新技术产品认定的,园区无偿提供15亩土地供其建设,若未取得高新技术产品认定的,按土地政策规定的最低出让价格给予出让,园区负责办理土地使用权证;对高校、科研单位依托有条件的企业建立国家重点实验室、博士后工作站挂牌的,由管委会补助50万元作为启动经费,博士后期满出站后留在园区创业满3年以上的,管委会给予一次性创业补贴5万元。

(5)合作政策:鼓励企业同科研院所、高等院校联系建立研究开发机构,产业技术联盟等技术创新组织,园区给予适当前期费用补贴。

(6)人才政策:对引进的留学人员和博士、有突出贡献的科技人员等高端人才,进入园区创业满三年以上的,进行适当补贴,补贴标准为:博士学位留学人员 10 万元,博士、获得省级或省级以上认定的有突出贡献的科技人员等 5 万元,并对其配偶就业、子女就学、购房、安家等方面给予重点照顾。引进人员在园区所研发的新产品,在申请国家专利时,管委会给予适当补贴;在园区落户投建项目的,管委会按落户项目投产后第一年所缴纳税收总额的 5% 对成果所有者进行奖励。

(7)区内企业享受"海西"政策和"原中央苏区县"政策,以及国家和省、市、县规定的有关优惠政策。

5. 招商引资

产业园为建设多个产业集群和多条产业循环链,按照"群组共生"构想,统筹规划了综合产业、包装产业、仓储物流产业、海洋环保产业、海洋生物制品产业、海洋医药制造产业、生态试剂产业、海洋研发产业以及居住、商务配套共 8 个功能组团。目前,园区已有 30 多家企业入驻,产业集聚效应不断扩大。

2009 年落户园区的润科生物工程(福建)科技有限公司,是国内首家专业从事海洋微藻及微生物等生物技术研究、开发生产和销售的高新技术企业。润科公司的落户,带动了海洋生物产业园的开发建设步伐,围绕润科发展上下游相关产业,目前园区已有环球生物科技、奇珍海藻科技、大北农生态制剂等海洋生物企业进驻,海洋生物产业得以进一步壮大。

6. 周边配套

按照宜居宜业宜商的定位,产业园规划有中央商务区、滨海生活区 2 个配套区,按照 800～1000 米的服务半径,规划设置 5 处工业服务中心,配套建设银行、学校、医院、文体中心、酒店、公寓等公共设施,功能十分完善。

产业园坚持以生态建设为先,统筹兼顾宜居宜业因素,突出环境景观设计的生态化、人性化,在开发建设过程中紧密结合小城镇建设综合改革试点,使田园村庄、文物古迹与人工环境都能相得益彰,规划横山山地公园、公子店溪滨水带状公园、奇材溪滨水带状公园及樟公庵游园 4 处,做到了"点""线""面"的结合。

四、贝尔特海洋生物产业园

贝尔特(烟台)海洋生物产业园位于山东省海阳市经济开发区,总投资7.5 亿元,主要采用国际领先的硫酸软骨素联产水解蛋白技术以及海洋胶原蛋白多肽、甲壳素、类人胶原蛋白、鱼类加工综合利用等产品的清洁联产化先进技术,生产安全、高营养、高活性与特定生理功能的海洋生物制品。

产业园按国际化生物医药园区标准建设,配备国际标准生产厂房,并与一流科研院所合作,建设国际一流的生物医药研发基地。凭借先进的生产工艺和科研水平,将园区打造成现代化的大型海洋生物产业园区。产业园主要以海洋生物制品、生物医药原料、海洋功能食品的研发生产为主。规划建设东西二区,西区主要为海洋生物医药、原料药、海洋胶原多肽以及蓝色海洋功能食品等不同产品的生产区域,东区主要以科研、办公及生活为主。

产业园总占地面积 353 亩,吸纳就业 800 余人,实现年产值超 20 亿元,上缴利税 1 亿元以上。贝尔特依托其具有完全自主知识产权的 11 项国家发明专利和 4 项科技创新成果,按国际化生物医药园区标准,配备 GMP 净化车间,实现全部生产环节无污染、零排放,实现经济效益和社会效益的共同增长。同时加大与一流科研院所的合作,努力将园区打造成为国内一流的海洋生物产业园区,国内技术最先进、生产能力最大的海洋生物制品产业园区,集产业发展和旅游观光于一身的专业园区,成为亚洲最大海洋生物制品及生物医药生产基地。

五、日照海大博远海洋生物产业园

全区占地 135 亩,项目总投资 5.2 亿元,是集海洋生物制品、生物医药原料、海洋功能食品研发与生产为一体的高科技海洋生物产业园区。产业园坐落于以培育发展海洋新兴产业为战略重点的国家海洋新兴产业示范区——日照国际海洋城,是日照市蓝色经济区亮点项目、示范工程,并被列为 2013 年山东半岛蓝色经济区和黄河三角洲高效生态经济区重点建设项目。该园区严格按照国际化生物医药园区标准建造,生产车间均达到 GMP 和美国 FDA 等标准。建有多条清洁化生产线,主要产品有胶原蛋白(肽)、低分子硫酸软骨素、补充胶原蛋白(养颜)系列产品、高纯度氨基葡萄糖硫酸盐、岩藻多糖、EPA/DHA 磷脂、DHA 磷脂酰丝氨酸、高纯度水溶性虾青素等,这些产品广泛应用于医药、美容、化妆品、食品等领域,在国内外市场上需求巨大。产业园与一流科研院所合作,整合山东乃至全国的海洋科技和人才资源,加快深海生物基因研究、海洋生物活性研究、海洋多糖功能性研究、海洋多肽功能性研究及海洋生物能源开发等高端科研项目的关键技术攻关,打造海洋生物与医药研发大平台;同时更好地满足市场需求,加大生产,充分利用山东半岛的自然资源和科技力量,加快实现产业规模化,创造产业集群效应,加快科技成果转化,打造立足日照、辐射华东、中国领先的海洋生物产业园区,发展蓝色海洋集群,做大做强海洋生物产业,打造国际一流品牌。

六、其他海洋生物产业园区

(一)舟山海洋生物产业集聚区

舟山海洋产业集聚区海洋生物医药园区,位于舟山经济开发区新港工业园区(二期)内,规划总面积 3.2 平方公里,分两期实施。园区以海洋生物医药、海洋生物功能食品研发生产为导向,重点发展海洋生物技术、生物医学工程、海洋生物制药、海洋功能食品、现代中药和新型医疗器械等六大主导产业,着力打造研发服务外包、科技合作交流、产学研等多个平台。

在首批入驻项目中,总投资 3.1 亿元人民币的海力生海洋生物、制药项目,主要研发生产包括深海鱼油,天然鱼肝油维生素 A、D 滴剂,氨糖美辛缓释制剂等符合新版 GMP 要求的各类药品原料药、制剂、生物保健食品,项目投产后预期完整年产值在 13 亿元以上,利税在 1.2 亿元左右;分两期实施的海中洲 GMP 药厂项目是舟山市海洋经济领军人才创业创新重点推荐项目,主要研发生产一类抗癌新药、三类抗癌仿制药、五类新制剂降血脂药物和保健品等产品。其中,一期项目计划总投资 2 亿元人民币,项目建成投产后,预期年产值在 10 亿元以上,利税在 5000 万元左右。

目前,园区建设全面铺开,一期已完成 500 亩土地平整,可供项目直接入驻。道路、河道、管网框架建设和供水、供电、供气等基础性配套设施也开始实施,以保障入园项目的配套需求。

(二)胶南蓝色海洋生物产业园区

胶南海洋生物产业集聚区位于山东胶南经济开发区内,规划面积 500 公顷,重点发展基因工程药物、抗体药物、新型疫苗关键技术和新产品研制及产业化;高值化及精细化海藻化工技术与产品、海洋食品及保健品、海洋生物低温酶、海洋生物活性肽脂质技术的深度开发技术、精密医疗器械等产业。

该园区主要依托于海藻加工产业建成,以山东明月海藻集团的明月海藻生物科研基地和国家级企业技术中心为依托,分别与山东农大、山东轻工业学院、国家苹果工程技术研究中心共同建设三个重点共建实验室。分别是:海藻活性物质及功能性生物制剂工程实验室、海洋产品开发及应用推广工程实验室、海洋功能性食品核心技术产业化实验室。其中与国家苹果工程技术研究中心共同建成的功能性生物制剂工程实验室,也是全国首例利用海洋资源进行苹果研究的实验室。从海藻内提取矿物质研制成海藻功能制剂,可改善苹果的品质,包括减少苦痘病、虎皮病、果肉褐变等生理病害,以及炭疽病、青霉病等真菌病害,功能制剂研究成功后将大大减少苹果病害,并提高苹果品质。目前,该集团的海藻肥已经成功应用于诸如大蒜、洋葱、柑橘、西瓜、樱桃等经济作物,目前还在研究专门用于蓝莓的海藻肥。

园区以明月海藻生物科研基地和国家级企业技术中心为依托,在胶南市的大学园区建成占地50亩的国家级明月海藻科学研究中心。同时计划总投资20亿元,用5年左右的时间,建成一个集海洋功能食品配料、海洋药物、海洋化妆品、海洋医用敷料专业化生产于一体的千亩蓝色海洋生物科技园。园区建成后,将成为全球海藻加工行业内科技含量最高、加工品种最全、产品附加值最高的海洋生物产业基地,年产值可达100亿元以上。

截至2011年,胶南市从事海洋生物产业的企业共有18家,其中规模以上企业11家。重点企业有明月海藻、聚大洋海藻、瑞星海藻、力洋藻业、南山海藻、际源海藻、科海生物、福华海藻、海建堂生物、华泰森淼生物等。2011年全行业完成工业产值32.6亿元,占胶南市规模以上工业总量的2.3%。

依托千亩蓝色海洋生物科技园这一载体,胶南加快开发五大系列的新产品。包括开发海洋特色功能性食品及保健品、开发新型海洋药物及功能性生物材料、开发海洋护肤个人护理品、开发利用节能新技术改造基础产业以及海洋生物产品在农业中的应用研究及开发。

(三)深圳市东部海洋生物高新科技产业区

位于深圳市东部龙岗区南澳和大鹏两镇,陆地面积100公顷,海域面积500公顷。分为一个中心和两个园区:海洋生物高科技研发中心、海洋生物产业园和海洋生态园。2004年,深圳高新技术产业带东部海洋片区管理办公室挂牌成立,深圳高新技术产业带东部海洋片区建设启动。重点发展产业方向为鲍鱼、名贵海水鱼的工厂化养殖;海洋水产品与观赏海洋生物的种苗工程;观赏鱼与休闲观光渔业示范基地;综合防治海洋生物病害的环保与高效药物、生物制剂等多个产业。

发展方向:海洋天然产物开发,包括海洋新药、高分子材料、海洋生物活性物质开发;海洋环保产业;海产品高产养殖及加工等。

园区目标:建成集海洋生物的科研开发、生产、观光旅游于一体,海产品养殖、加工和进出口贸易联动的综合基地。

（四）大连现代海洋生物产业示范基地

2013年，"大连现代海洋生物产业示范基地"的申报通过国家海洋局审查论证，正式获批成立，成为全国四个国家级科技兴海基地之一，也是唯一一个以产业集聚为特点的基地。该基地将利用3年至5年时间建成1个科技园和4个示范区，即：大连海洋科技园和生态型海洋牧场先导示范区、大连名优海洋生物良种示范区、海洋生物工程化养殖及装备制造示范区、海洋生物制品与制药产业示范区。"一园四区"在7个区市县均有布局，将大连涉及海洋生物产业研究的企业、大学、科研院所全部纳入其中。不必圈地建设基地园区，而是"城在基地中，基地在城中"，依靠产业集聚实现大连海洋经济的腾飞。

生态型海洋牧场先导示范区以辽宁长海县和大连南部滨海海域为重点，通过投放人工鱼礁、海底藻礁建立海洋牧场。大连海洋生物工程化养殖及装备制造示范区主要开展工业化循环水养殖、离岸型智能化深水网箱养殖和海洋工程装备制造。在海洋生物装备制造上，大连旅顺基地于2015年建成，将引领产业由粗放型经营向集约化经营转变，由高消耗、高污染、低产出向节能、环保、高效转变。

附件 3　国内外典型海洋生物制品制造企业简介

企业名称	简　　介
GNC(美国)	1935 年创立,是全球领先的健康营养品专业品牌。每年用于研究和开发新产品的经费达数百万美元,特别是近年来在海洋抗肿瘤药物、海洋生物抗菌活性物质提取、抗心血管病及放射性药物研发、海洋生物酶及海洋功能食品等海洋生物技术上取得了进展。GNC 公司已将鲨鱼软骨提取物制成冲剂、胶囊剂等投放市场,这些药物不但可克服放、化疗引起的副作用,而且可有效地增强患者的机体免疫力
VITSCAN 维斯康(美国)	是美国创为生物技术有限公司旗下的宠物保健品牌,旨在为每只宠物提供个性化的营养健康解决方案。企业始终保持技术创新,在海洋生物制药方面,2013 年 8 月,维斯康开发出海藻颗粒等 5 款营养品。2014 年,开发并推出宠物鲨鱼软骨素关节颗粒
LAMER (美国)	雅诗兰黛集团旗下全资子公司,创始人是美国太空总署(NASA)太空物理学家麦克斯·贺伯博士,主打产品海洋之谜面霜以深海海藻萃取物为主要成分,具有修复保湿功效
Maruha Nichiro co.(日本)	是日本乃至世界的海鲜巨型企业,由两家经营时间超过百年的公司 Maruha 和 Nichiro 在 2007 年合并组成,是世袭制的企业。经营理念是:"思考明天的同时也要为今天而战!"公司是东京最大的海鲜批发商,此外也是多元化的海洋制品贸易公司,公司业务涉及海产品深加工、海产品整体销售、海产休闲食品加工、海产饲料工业生产等多项领域,并同时是各领域的专家,此外,还涉及制药领域,公司生产的药物和保健品有 DHA、EPA、硫酸软骨素、角鲨烯、骨胶原和 DNA 相关复合物等
株式社会 F.CC 堀内(日本)	是日本海洋生物技术研究院联合其战略合作伙伴、日本最大的海洋生物科技公司之一,生产抗癌产品——福可达(Fucoidan,中文名为褐藻多糖硫酸酯),在日本和欧洲创造了抗肿瘤领域连续五年销量第一的奇迹,成为海洋抗癌药物领域的一面旗帜。2006 年 3 月,经国家食品药品监督管理局批准,福可达(Fucoidan)已进驻中国,成为国内第一个功能性海藻口服液,也是我国第一个超低分子海蕴抗肿瘤制剂

续表

企业名称	简　介
Nature's Way（澳大利亚）	是澳大利亚著名的健康产品品牌,成立于 1970 年。隶属于澳洲最大的消费品公司 Pharm care,公司充分发挥澳大利亚海洋以及陆地纯净无污染的优势,尽可能地使用最纯净的天然成分,用天然海洋产品提取物和绿色植物精华,以纯净天然的品质著称,是澳洲最大的保健品品牌之一。所有产品都经过严格的检测,符合澳大利亚 TGA 标准,这是世界上最严格的食品药品标准之一。海洋微生物发酵提取物,深海磷虾油浓缩鱼油也是该公司的主要产品
Swisse（澳大利亚）	公司始创于 20 世纪 50 年代末的墨尔本,是澳洲自然医学疗法的先驱之一。Swisse 在研究产品配方时唯一关注的是品质,从不考虑成本。因此,Swisse 产品在澳洲本土市场上的价格也略贵于其他同类产品。其产品丰富多样,全部来自澳大利亚纯净的海洋以及大陆,尤其是 Swisse 的深海鱼油最为出名,它的深海鱼油每粒含 50% 以上的 omega-3。研究表明,ω-3 脂肪酸可以帮助维持健康人每日的正常循环,降低血压和胆固醇,有利于心血管系统的健康。同时 ω-3 脂肪酸对于关节非常有益
Bill Beauty & Health Products Ltd.（加拿大）	公司位于加拿大安大略省,产品包括海洋生物浓缩提取液、片剂、胶囊、硬胶囊、软胶囊、粉剂等,是加拿大极具规模和实力,并获加拿大卫生部认证和授权的 GMP 的海洋生物保健食品及护肤品制造工厂,庞大及严格监控温度的厂房,保障了原材料品质稳定。该公司建立质量追踪回收系统,符合加拿大卫生部药物监管要求,所有产品经审批后被颁发 NPN 天然保健产品编号
Biotechnologies Explorer Canada 简称 BEC(加拿大)	公司拥有全球最大海豹系列产品的研发生产基地,是研究、开发、生产高品质药品、营养保健品的高新生物技术企业及全球供货商。公司在加拿大北部拥有海豹油全球最大研发基地,是加拿大卫生部首家正式认证的海豹油品牌。2003 年 3 月,公司收购了爱德(IND)集团公司天然型海豹油、清香型海豹油产品,巩固和加强了其作为世界上最大的海豹资源综合利用企业的地位
Alpharma（挪威）	挪威海洋生物科技公司阿尔法玛(Alpharma)是全球海洋鱼类疫苗的领导者,员工超过 3000 人,分布在全世界 21 个国家,年营业额达 11 亿美元。阿尔法玛公司在生产饲料添加剂、鱼病疫苗领域处于领先地位。全世界已经有超过 20 亿鱼苗接受过疫苗注射,有一半是阿尔法玛的产品。超过 30% 的研发经费,是阿尔法玛持续成长的原因
NUTRECO（挪威）	NUTRECO 公司是世界上最大的三文鱼饲料生产商,也是世界上最大的三文鱼养殖公司,同时还是欧洲最大的三文鱼饲料添加剂生产公司。该公司生产的三文鱼和群鱼饲料占世界市场的 40% 份额。高品质的鱼饲料是该公司取得垄断地位的关键因素,它是一家名副其实的从事水产品生产的高科技公司

续表

企业名称	简　　介
ALPHA （新西兰）	新西兰安发（ALPHA）国际集团于 1998 年成立，是一个以专业研究、开发和推广药用真菌、海洋生物、微生物等天然药物为主导的健康产业集团，下辖新西兰天然药物研究所，新西兰安发保健，新西兰安康国际，新西兰安康之友，甘诺宝力文化发展机构等诸多事业体系。其中，海洋生物制药涉及产品众多，主导复合型天然药物
PRIMEX （冰岛普利 麦克斯生物 技术公司）	该公司致力于开发海洋生物技术，在生产供应聚氨基葡糖及衍生物领域处于世界领先地位。其产品广泛应用于营养素、化妆品、食品、生物医药等方面。公司是全球领先的制造和供应纯甲壳素和壳聚糖衍生物公司
Icelandic Freezing Plants Corp. Plc.（冰岛）	公司成立于 1942 年，是冰岛最大的海洋水产品出口公司，主要出口 40 多种传统的和新开发的冷冻海洋水产品。货源来自 100 多家陆地冷冻厂和冷冻捕鱼船，销售网络遍布全世界，在 30 多个国家设有分支和销售机构，在东京设有办事处，负责亚洲地区国家的销售业务。1999 年 10 月该公司购进瑞典 SCANDSEA 公司 20% 股权，进一步增强其销售能力。现年营业额达 4 亿多美元，年出口额达 2.89 亿美元
Iceland Seafood International Plc. （冰岛）	冰岛海洋食品国际公司成立于 1990 年，是冰岛最大的集生产和销售为一体的海洋水产品公司，也是世界上海洋水产品领域最大的公司之一。年营业额约 6.5 亿美元，年出口额达 1.28 亿美元，占冰岛鱼产品出口额的四分之一，在冰岛最大出口企业中名列第 4 位
SR-mjol hf （冰岛）	该公司专门从事鱼粉和鱼油的生产经营，是冰岛最大的鱼粉和鱼油出口商，产量约占冰岛的 50%。年出口鱼粉 11 万吨，鱼油 3 万吨，营业额 1.2 亿美元。产品出口到美国、丹麦、挪威、西班牙、英国、法国和芬兰等国家
龙佃海洋生 物科技股份 有限公司 （中国台湾）	公司创立于 1985 年，初期以龙虾养殖及海鲜贸易为主。1990 年，公司开始了石斑鱼类及其他高经济鱼类的复育，目前全球可人工繁殖的石斑鱼有 8 种，其中 6 种就是龙佃研发的成果，且均已量产可供应市场。至今龙佃已成功复育超过 10 种高经济价值鱼种，且均为世界研发成功的首例，令台湾的繁殖养殖技术闻名世界
青岛澳海生 物有限公司	公司位于青岛市高科技工业园内，是由澳柯玛股份有限公司和国家海洋局第一海洋研究所共同成立的高科技公司，是国内最早进行共轭亚油酸的研发、生产和营销的企业。公司主要从事海洋生物制品、药品、保健品、食品和食品添加剂、化妆品和饲料添加剂等产品的研究、开发、生产和营销。是国内生产规模最大、产品质量最高的 CLA 生产基地，是世界知名的 CLA 生产企业

续表

企业名称	简　　介
青岛国风药业股份有限公司	公司所辖的山东省海洋药物科学研究所,系国内海洋药物方面的资深科研机构,拥有国内一流的现代化工业园区,集现代中成药、合成药、海洋药物的研发、生产于一体,主要生产设备和质量检测手段均达到目前国内先进水平。公司先后被认定为"山东省重点高新技术企业"和"科技部'实施火炬计划'重点高新技术企业",公司和各子公司相继通过国家 GMP 认证和 GSP 认证
青岛明月海藻集团	始建于 1968 年,主导产业涉及海藻酸盐、功能糖醇、海藻化妆品、海洋功能食品、海洋生物医用材料、海藻生物肥料六大产业,在半个世纪的创新发展中,始终致力于海洋生物资源的深度开发和应用,是山东半岛蓝色经济的示范企业、中国海藻行业的领军者,也是目前全球最大的海藻生物制品企业。企业获得"国家创新型企业""国家海洋中心产业化示范基地""国家高技术研究发展计划('863'计划)成果产业化基地""国家技术创新示范企业"等荣誉
浙江海力生集团有限公司	公司是以海洋药物、海洋生物保健食品、海洋护肤品和海洋精深加工食品为主导产业的综合性有限责任公司。系农业产业化国家重点龙头企业、浙江省医药行业重点骨干企业、高新技术企业。公司致力于新产品研发的企业研究院,系省级企业研究院。食品技术检测中心通过了浙江出入境检验检疫局的企业实验室评定。主要生产厂房和经营场所通过了国家药品 GMP、GSP 认证及 SGS、BRC、FAI、KOSHER 犹太认证、QS 认证,并通过了美国 FDA 备案登记以及对欧盟的水产品出口注册
广东海陵海洋生物药业有限公司	广东海陵海洋生物药业有限公司是一家以海洋生物制药和海洋生物保健品为主导,集研发、生产、销售于一体的民营高科技企业。目前拥有 OTC 药品和保健食品共 20 多个品种规格,年产值超亿元,建有药品生产基地、保健品生产基地、海洋生物研究所(与广东海洋大学合建)、科技营销公司,并在全国 11 个省、市设立了分公司和办事处。药品生产基地已经通过国家 GMP 认证
台州康多利海洋生物保健品有限公司	公司是一家依照现代企业制度投资组建的规模较大的浙江省高新技术民营企业。主要经营:抗生素医药原料、保健食品、医药中间体、海洋生物制品以及甲壳素深加工系列产品。成功开发了盐酸氯洁霉素系列、氨基葡萄糖系列、抗艾滋病原料药系列、甲氨蝶呤、甲壳素系列等医药中间体产品,其中双脱肌苷(DDI)、氨基葡萄糖硫酸钾盐、氨糖盐酸盐被认定为浙江省高新技术产品。公司成功开发的抗艾滋病药物双脱肌苷(DDI)还被科技部列入国家重点新产品计划项目

企业名称	简　介
北海生巴达生物科技有限公司	公司是一家专业从事微藻养殖、加工、科研开发以及集海洋水产品高效养殖、海洋生物栽培和系列产品开发于一体的科技型中外合资企业。拥有现代化生产工艺的螺旋藻生产基地,新开发的"生巴达"螺旋藻薄片系列产品,属国内同类产品首创。公司引进新型经济海藻——日本冲绳枝管藻,全国独家采用 CO_2 的吸收系统培养螺旋藻,彻底解决因大量使用化工原料而导致的重金属铅、砷、镉超标,全面提升螺旋藻的品质,使公司产品的综合指标领先于国内同类产品
青岛聚大洋海藻工业有限公司	公司成立于 2000 年,以海藻养殖和综合加工为主,生产褐藻胶、卡拉胶、琼胶、藻酸丙二醇酯、碘、甘露醇、海藻饲料、海藻肥料、海藻食品等海藻系列产品,产品畅销国内外。企业科技研发实力与综合加工能力居全国同行业前列,是中国同行业独具特色的能同时加工红藻、褐藻、绿藻、蓝藻四大海藻门类的蓝色经济示范企业。是目前国内首家集海藻育苗、养殖、加工、综合利用为一体的全产业链型的国家高新技术企业
北海臻美达海洋生物制品有限公司	公司充分利用北海盛产海洋生物的优势,专业从事海参、牡蛎、珍珠等海洋生物产品的开发与生产。是目前国内海参品深加工企业中,产品技术含量最高、品种最齐全、产量最大的专业生产企业。产品畅销全国各地并远销海外
大连上品堂海洋生物有限公司	是一家集研发、生产、销售、服务于一体的海参企业。产品先后通过了 HACCP 质量安全体系认证,QS 生产许可证,有机食品认证,AAA 级信用企业、省名牌、重合同守信用企业、地理标志保护产品等荣誉。是中国原生态海参养生文化的领军品牌
青岛德慧海洋生物科技有限公司	公司成立于 2005 年,专业从事海洋红藻——天然食用胶(卡拉胶琼脂)的研究、开发和生产的,是以蓝色经济为导向的泛蓝高新技术企业。产品主要包括卡拉胶、琼脂、魔芋胶、复配增稠剂、复配稳定剂、复配水分保持剂和复配着色剂等 30 余个品种,涉及食品、日化、制药、涂料、染印等行业与领域,被业内美誉为"食用胶专家",产品更远销欧洲、中东、亚洲等地
青岛海尔药业	公司隶属于海尔集团,成立于 1996 年,拥有 8 个生产车间,1 个药品监测中心和 1 个新药研发中心,能够生产原料药、片剂、胶囊剂、颗粒剂、口服液、水针剂、冻干粉针、滴眼液等优质药品,共 60 多个品种 80 多种规格,是中国唯一一个国家级海洋药物中试基地。产品分为海洋药物、中药、西药和保健食品四大门类,涉及心脑血管、消化系统、骨质疏松、糖尿病、营养保健等多个领域,整体通过国家 GMP 认证。下设质量检测中心,硬件条件国内一流

续表

企业名称	简　　介
广东昂泰集团	公司是以海、淡水名特优产品养殖为基础,以纯天然蓝色海洋生物技术开发为重点,集新兴农业、科技研发、现代化生产、连锁经营于一体的综合性企业集团。自 1990 年起就致力于海洋功能食品的研究和开发,与中科院等十多家大专院校和科研单位的上百位专家合作,从"三鱼一珠"体内提取出具有双向调节身体机能和均衡营养作用的有效活性物质,达到国际同类产品的先进水平。产品问世以来多次获得国家级、省级科技奖项。多项攻关入选国家星火计划
荣成禾茂海洋生物制品有限公司	公司成立于 2009 年,是由好当家集团有限公司注资成立,以中国科学院海洋研究所等科研院所为技术依托,以科学成果产业化为中心的专业型公司。主要生产"海力壮"海洋生物制剂。作为国内首次开发的一种农用海洋高新技术产品,"海力壮"生物制剂可显著提高粮食产量和品质的功效,属十大然生物制剂,长期使用叮改善土壤环境,其残留物无毒,对人体无任何负面刺激,符合当前社会日益流行的绿色消费观念,是新型的生态农业的发展方向,先后被列为国家"'863'计划"和"'863'高技术计划重大产业化项目"

附件4　国内外海洋生物主要研发机构简介

名　　称	简　　介
美国伍兹霍尔 海洋研究所	是美国大西洋海岸的综合性海洋科学研究机构,是世界上最大的私立的、非营利性质的海洋工程教育研究机构。位于马萨诸塞州伍兹霍尔。该所设有海洋生物学、海洋化学、海洋地质学和地球物理学、物理海洋学以及海洋工程5个研究室。拥有4个大型实验室、4艘研究船、"阿尔文"号潜水器、电子显微镜中心和计算中心等。在海洋生物研究,北大西洋洋流、墨西哥湾流与西部边界流以及大涡旋的研究,深海大环流模拟等方面取得了重大成果。20世纪60年代末,开设颁授海洋学博士学位的研究生课程,前期课程限于自然科学,后与马萨诸塞理工学院、哈佛大学等合作增设海洋政策和管理,海洋及其资源的利用、权益和归属等方面的课程
法国海洋开发 研究院	1984年6月由原在布雷斯特的法国国家海洋开发中心(CNEXO)和南特海洋渔业科学技术研究所(ISTPM)合并而成,简称IFREMER。研究院受法国工业科研部和海洋国务秘书处双重领导,研究海洋开发技术和应用性海洋科学。在全国设有5个研究中心,在沿海城市和海外省建有72个实验室和研究室。主要研究领域:海洋资源的探索、评估、开发和管理;海洋环境的保护与恢复方法;大型海洋设备和海洋工程生产管理;海洋社会经济发展。它还设立了几个优先研究领域:海洋气候、水系和生态系统的研究和评价;促进生态工程研究,推进沿海地区的整治和生态恢复;监测网的管理;海洋生物技术开发;渔产品库存的预测和渔具选择性的改进
夏威夷自然能源 实验室(NELHA)	主要致力于海洋热能转换技术的开发和海洋生物、海洋矿场、海洋环境保护等领域的技术产品开发。它拥有区别于其他科技园区的世界唯一的一个双重温度海水系统设置,为这个海域及沿海地区的创新和新产业发展建立了一流的设备。NELHA希望能吸引那些可以组合利用这里独特的自然资源和辅助后勤支援,进行顺利且富有成效的研究、教育和商业活动的租户,以此支持和促进夏威夷海洋产业的可持续发展。现在这里正在崛起许多新的企业和公司,并不断创造成功的商业价值

续表

名　　称	简　　介
美国斯克里普斯海洋研究所	研究所是美国太平洋沿岸的综合性海洋科学研究机构。1903 年由 W.E. 里特教授创建,1912 年归属加利福尼亚大学。目前,该所是加利福尼亚大学圣迭戈分校所属单位,迄今该所已获得诺贝尔奖 3 项,美国国家科学奖 18 项,美国国家工程奖 2 项。研究所的栈桥研究平台非常著名,上面有各种观测站和小艇用于海洋科学研究,栈桥内有一整套取水系统,可以给整个研究所的实验室提供天然海水。此外,该所还具备多用途的岸上和船上计算机系统和海洋专业图书馆、"深海钻探"岩心总库和水族馆。可以根据需要招聘外籍在职的创新型科技人才,与经济实力雄厚的大企业合作创办研究中心,获得充足的科研经费,加快科研成果研发与转化进程。另外,创新型科技人才可自由与企业进行合作,联合推动科研成果走向市场,转化为经济效益
加拿大海洋科学研究所	研究所是由联邦政府渔业和海洋部,环境部和能源、矿产与资源部共同管理的多学科的海洋研究所。该研究所承担和参加全国、世界性的研究计划,通过 DNA 水平的分析,对海洋生物种群群落进行评价,对遗传多样性和完整性进行研究。不仅开展长期的海洋基本资料调查和地球循环的基础理论研究,而且进行短期的具有任务性的研究,以及向社会各方面提供海洋资料、情报和咨询服务
欧洲海洋生物技术中心	是培育新兴海洋生物科技公司企业孵化器的最优选择,中心为培育海洋生物企业可持续生存和发展提供支持和发展的商业环境。该机构迎合多变的商业需要,可提供全方位、高质的实验室和灵活的办公空间。同时也分级别为海洋生物公司提供长期的发展培训。该中心与知名的海洋研究机构(SAMS)合作,可提供独一无二地与国际知名机构和企业交流与合作的机会。此外,中心配备有全球最先进的航海和航海设备的研究船,所涉及项目包括 Dunstaffnage 半岛西北侧的一个海湾抽水和 NERC 中心的潜水与船只服务。提供在英国领海项目的支持外,支持新的研究,如人工鱼礁计划和生境制图技术等
英国国家海洋中心	英国国家海洋中心成立于 2010 年,由南安普顿国家海洋中心与利物浦普劳德曼海洋实验室整合而成。由英国自然环境研究委员会全权所有,是英国领先的海洋研究与技术开发机构,整合后的新中心与英国海洋科学界的诸多研究机构都有密切合作。中心主要从事从海岸带到深海大洋的海洋学综合研究与技术研发,拥有皇家科考船队、深潜器等先进的海洋探测调查装备;同时还是英国最重要的海洋科学数据中心。英国国家海洋中心由英国自然环境研究委员会理事会监管,由执行主任全面领导,执行主任是自然环境研究委员会的执行委员会成员,直接向执行主席汇报工作

续表

名　　称	简　　介
英国普利茅斯海洋实验室	普利茅斯海洋实验室是英国著名的海洋科研机构之一。位于英国西南部海岸,泰马河的入海口。其前身是英国海洋生物学会的海洋实验室。1980 年,普利茅斯海洋实验室和英国环境研究署的普利茅斯实验室合并,成了新的普利茅斯海洋实验室。现有工作人员 164人,其中有物理学家、化学家、生物学家和数学家,协同进行海洋科学各方面的研究。普利茅斯海洋生物实验室是世界著名的海洋实验室,许多世界著名的海洋科学家曾经在这里工作过。从 1922 年到 1970 年,这里曾经有 7 名科学家获得诺贝尔奖。在海洋生物的研究方面,实验室致力于研究海洋食品的安全性
苏格兰海洋科学协会 SAMS	苏格兰海洋科学协会(SAMS)成立于 1882 年,是欧洲领先的海洋科研机构和世界最古老的海洋组织之一。协会位于苏格兰阿盖尔Dunstaffnage 城堡附近。苏格兰海洋科学协会开设本科、硕士与博士学位课程,由高地与群岛大学授予学位。此外该协会主管两个国家项目:藻类和原生动物(CCAP),国家科学潜水设备项目(NFSD)。因此,相关企业可直接在这里获得设备和技术帮助,比如海洋生物的标本采集、生物群落和单一物种的水下调查研究等
冰岛海洋研究所	该研究所始建于 1965 年,致力于海洋气候、环境监测、海洋地质、海底地形、浮游生物分布和繁殖、生物再生和繁衍、鱼类种群鉴定、杂交、海洋哺乳动物、渔具、捕捞对生态系统的影响、潜力鱼种的挖掘等方面的研究。该研究所主要由海洋环境部和海洋资源部两个研究部门组成。海洋环境部主要对环境条件、地质、海藻生态、浮游生物、幼鱼、海底动植物群等进行研究。海洋资源部主要对确定的鱼类种群、甲壳类动物、软体动物、海洋哺乳动物进行研究。该研究所与冰岛诸多大学及学生合作,进行实用项目培训和研究项目开发。而且,联合国大学的渔业培训项目一直由该研究所负责实施。同时,该研究所同许多国外研究机构和国际组织有合作关系,多年来一直参与海洋科学领域的国际项目研发
冰岛渔业实验室	始建于 1934 年,从事渔业包括加工业的研究和分析工作。冰岛渔业实验室的目标旨在通过研究、开发和传授知识及咨询促进海产品的增值。通过与冰岛及国外的渔业行业和大学密切合作,扩大知识面,增进研究人员和行业之间的相互交流与合作。该实验室与邻近国家及欧盟成员国相关机构进行广泛的合作研究,与国内大学联系紧密,为食品学科和渔业学科提供研究和教学力量,并参与行业人员的培训等。该实验室分析部可以提供对海产品的化学、微生物学、传感和物理等特性的鉴定服务。使用的主要分析方法符合 EN ISO/IEC 17025:2000 标准。该实验室的专业领域包括加工技术和生物技术研发、食品化学和物理特性分析、海产品质量和安全认证、海产养殖饲料与饲料技术研发、环境研究等

续表

名　　称	简　　介
日本海洋—地球科技研究所	日本海洋—地球科技研究所（Japan Agency for Marine-Earth Science and Technology，JAMSTEC）是负责日本深海研究和海洋技术，海洋观测和海洋生态系统调查的国家研究所，总部位于横须贺。1996 年，研究中心使用无人探测器"海沟"号又在世界最深的海域——马里亚纳海沟查林杰海渊深度约 1.1 万米处采到了海底泥沙的标本，从中分离出来大约 3000 株微生物，并发现了新的微生物种类，如在 1000 个大气压下能够生存的超喜压性细菌、超好热性细菌、可制造有用酶的蛋白质分解酶及新的糖质分解酶的微生物等。现在，研究中心设立了"深海生物风险中心"，开发了"深海微生物实验系统"，其中包括地壳岩芯标本的防止微生物污染技术、地壳岩芯及岩石标本的微生物解析法、微生物分离法和培养法等技术
韩国海洋科学技术院	该院成立于 2012 年 7 月，其成立动因是系统开发、研究、管理和利用海洋及海洋资源，培养海洋领域优秀人才，进一步促进海洋科技发展，提高海洋国际竞争力。该机构是由原韩国海洋研究院改编更名的具备独立法人资格的海洋研究机构。机构原属教育科学技术部，现归属于纯行政性质的国土海洋部。政府资助的预算比重由 39% 提高到了 75%。机构致力于海岸线及海洋资源的基础与实用性研究
中国科学院海洋研究所	该所始建于 1950 年，是从事海洋科学基础研究与应用基础研究、高新技术研发的综合性海洋科研机构，是国际海洋科学领域具有重要影响的研究所。研究重点：海洋环境与生态系统动力过程、海洋环流与浅海动力过程，以及大陆边缘地质演化与资源环境效应等领域。截至 2015 年 10 月，海洋所共取得 900 余项科研成果，其中国家一等奖 6 项，国家二等奖 24 项，全国科学大会奖 15 项，国际奖 16 项
黄海水产研究所	该所设 6 个创新实验室、3 个公益体系研究室、1 个开发总公司、4 个实验基地，拥有世界先进水平的海洋科学调查船"北斗"号，主要研究领域为海洋生物资源可持续开发与利用，包括海水增养殖、渔业资源与环境和渔业工程技术等。先后完成 800 余项科研课题，其中，获国家科技进步一等奖 2 项，二等奖 4 项，其他国家级奖 12 项。承担科学研究项目有：国家专项；国家重点基础研究发展计划（"973"计划），国家自然科学基金项目；国家高技术研究发展计划（"863"计划）等。先后与 136 个国家、地区、国际组织及单位开展科技合作、技术交流、资料交换和人才培养等项合作

续表

名　称	简　介
中国水产研究院东海水产研究所	研究所创建于 1958 年 10 月,是我国面向东海和远洋的国家综合性渔业研究机构,现隶属于农业部中国水产科学研究院,为国家非营利性科研机构。主要开展资源保护及利用、捕捞与渔业工程、远洋与极地渔业资源开发、生态环境评价与保护、遗传育种与生物技术、水产养殖技术、水产品加工与质量安全、渔业信息与战略等研究。已与华东师范大学、中国海洋大学、中国科学院海洋研究所、上海海洋大学、大连海洋大学建立联合招收培养研究生机制,2003 年,研究所进入国家科技创新体系;取得了包括海洋水产科研项目(设计、开发)、科技成果转化的质量管理系统认证证书,成为我国渔业科研系统第一个进入 ISO9001 质量管理体系的单位
中国水产研究院南海水产研究所	南海水产研究所成立于 1953 年,是我国最早建立的从事热带亚热带水产科学研究的非营利公益型国家科研机构。该所以热带亚热带渔业科学研究为特色,在渔业科学技术发展和宏观决策服务中发挥重要技术支撑作用,主要研究领域包括渔业资源保护与利用、渔业生态环境、水产健康养殖、遗传育种、生物技术、水产病害防治、水产品加工与综合利用、水产品质量安全控制、渔业装备与工程技术以及渔业信息等十大领域
国家海洋局第三海洋研究所(简称海洋三所)	创建于 1959 年,隶属于国家海洋局,主要从事海洋生物、化学、地质、动力、遥感、声学、环境与生态、极地与深海科学、全球变化科学等学科的研究与应用。先后与美、德、法、日等 30 多个国家和我国台湾、香港等地区的有关机构建立了交流与合作关系。海洋三所拥有 4 大研究领域,16 个研究方向,10 个研究部门,以及面向服务经济社会建设为主的国家海洋生物资源综合利用工程技术研究中心、厦门海洋工程勘察设计研究院、海洋珍稀动植物保护研究中心。目前,海洋三所正在积极筹建漳州科技兴海基地、平潭国家海岛研究中心等机构。海洋三所在海洋生物技术与资源开发、海洋—大气化学与全球变化研究、海洋生态系统与环境保护、台湾海峡与热带边缘海应用海洋学等主要领域的研究独具特色,居国内先进水平
山东省海洋生物研究院	研究院成立于 1950 年,是一所拥有 60 多年海水养殖、海洋生态与环境保护技术基础理论和应用技术研究历史的省属科研机构。主要从事:海洋生物的苗种选繁育、健康养殖、疾病防控、渔业资源修复及设施渔业工程等技术的研究;海洋与海岛的生物生态、资源环境的调查、评估、保护、利用及渔业规划、养殖区选划等技术的研究;海洋生物资源利用、水产食品营养与加工、渔用药物及饲料添加剂研发等应用技术的研究等。现有国家、省级研究试验平台 10 多个

续表

名　　称	简　　介
青岛海洋生物医药研究院	研究院是具有独立法人资质、按现代企业制度管理运营的海洋药物协同创新基地,是青岛市政府重点支持建设的海洋生物医药高新技术孵化器之一。具备良好的硬件条件。一期工程位于中国海洋大学浮山校区,总面积8440平方米,已经建成了设施齐全、功能完备、技术先进的海洋生物医药研发创新平台、技术公共服务平台、中试工程化平台。二期工程位于青岛市蓝色硅谷核心区。采取固定人员与流动人员、团队引进与个人引进相结合的原则,建立了一支以中国工程院院士、国家千人计划入选人、国家自然科学基金委杰出青年和教育部长江学者为核心的研发团队
广东中大南海海洋生物技术工程中心	是2004年3月经国家发改委立项成立的国家级工程研究中心,是以中山大学为技术依托的技术研究和产业孵化中心。该中心利用现代先进的生物技术与传统的海水养殖和加工技术相结合,进行海水养殖、海洋生物制品、海洋药物等海洋生物技术的研发和产业化,促进我国海洋生物资源的保护和利用。工程中心已建成特优经济鱼类苗种和海马苗种等多个海水养殖示范基地,重点建设六个技术平台:高活性海水鱼类促生长剂生产技术工程化平台、水产疾病基因诊断技术工程化平台、水产疾病中草药及添加剂生化提取技术工程平台、鱼虾微颗粒饲料技术工程化验证平台、药源海洋生物活性物质生化提取技术工程化平台和海洋药用功能基因的获取及其功能蛋白技术工程化平台。为加强工程技术的上游研究,保证成套工程技术的源头研究,还将建设三个重点研究室:海洋经济动物繁殖、营养和病害控制研究室,南海海洋生物功能基因组研究室和南海海洋天然药物研究室
汕头大学海洋生物研究所	成立于2001年,是在广东省海洋生物技术重点实验室的基础上发展起来的科研教学机构。研究所以科学研究和研究生培养为主,依托的省级重点学科海洋生物学科建有"广东省海洋生物技术重点实验室""国家贝类产业技术体系汕头综合试验站""广东省海洋生物资源综合开发国际科技合作基地"等教学科研和产学研合作平台,研究所承担了包括国家杰出青年基金、国家自然科学基金重点项目和重大国际合作研究项目、"863"计划、国家海洋局海洋公益项目、农业部农业公益项目、教育部高等学校博士学科点专项科研基金项目等各类科研课题80多项,科研成果及高新技术的推广应用为促进当地海洋与水产经济的发展发挥重要作用,经济、社会和生态效益显著

名　　称	简　介
浙江省海洋生物医用制品重点工程技术研究中心	该中心是浙江海洋大学联合浙江省海洋开发研究院和浙江海力生集团有限公司等企业建立的浙江省海洋生物医用制品重点工程技术研究中心。主要研究内容为海洋蛋白和多肽类医用制品、海洋多糖及寡糖类医用制品、海洋脂质(鱼油)医用制品和海洋医用制品质量控制技术。中心目前已经建立了一支实力较强的研发团队,成员主要为从事海洋医用制品新理论研究和新产品新工艺设计开发领域专业造诣深厚的教授、博士和工程技术人员。中心与美国、加拿大、挪威、日本和西班牙等国外大学、科研院所以及浙江大学、中国海洋大学、中国科学院上海药物研究所等以及诸多高科技企业有着广泛科研和产品开发合作关系。中心获得国家星火计划项目 6 项,浙江省自然科学基金项目 10 项,浙江省公益性项目 5 项,开发海洋生物医用制品多个

参考文献

[1] 郑超一,胡妙申.企业人眼中的海洋药物开发[J].药学研究,2000 (5):58.

[2] 顾劲松,于江.借鉴欧洲模式加快辽宁海洋生物医药研究与开发[J].中国科技论坛,2008(2):63—66.

[3] [英]亚当·斯密.郭大力.国民财富的性质和原因的研究[M].王亚南译.北京:商务印书馆,1981.

[4] Hoban T. J. Consutner Acceptance of Biotechnology in the United States and Japan[J]. Food Technology,1999(5):50-53.

[5] Donald J. Wright. Optimal Patent Breadth and Length with Costly Imitation[J]. International Journal of Industrial organization,1999 (17):419-436.

[6] 俞存根,等.舟山渔场渔业生态学[M].北京:科学出版社,2011.

[7] 章哲.新加坡发展生物医药产业对浙江的启示[J].浙江经济,2013(5):38—39.

[8] 王冬梅.湖北省生物医药产业集群培育策略研究[J].科技进步与对策.2009(12):47—50.

[9] 于志洁,褚新奇.海洋生物在食品和医药工业中的应用与产业化发展思路[J].海洋技术,1995(1):25—29.

[10] Barbier E B. Economic Natural Resource Scarcity and Development [M]. London:Earthcan,1985.

[11] Nijdam M. H. and Langen P. W. eds. Leader Firms in the Dutch

Maritime[R]. Cluster :Paper presented at the ERSA Congress,2010.

[12] 贾文艺,唐德善.产业集群理论概述[J].技术经济与管理研究,2009(06):125—128.

[13] 徐丛春,等.基于波士顿矩阵的广东省海洋产业竞争力评价研究[J].特区经济,2011(2):35—37.

[14] 佟景全,吴戎,等.广东省海洋生物产业现状分析[J].广东农业科学,2012(18):220—222.

[15] 王晶.新时期中国海洋产业发展战略研究——以环渤海地区为例[D].大连:辽宁师范大学,2011.

[16] 李勋来,李慧.基于波士顿矩阵的山东海洋产业竞争力研究[J].青岛科技大学学报,2011(04):61—64.

[17] [美]迈克尔·波特.竞争论[M].陈小悦译.北京:中信出版社,2003.

[18] 任喜萍.我国海洋生物制药产业发展问题与对策研究[J].现代经济信息,2011(10):208.

[19] 王辑慈.创新的空间——企业集群与区域发展[M].北京:北京大学出版社,2001.

[20] 刘忠良.生物医药园专业化发展模式研究[D].长沙:湖南大学,2005:43—44.

[21] 师银燕.广东省海洋产业结构研究[J].渔业经济研究,2007(1):39—44.

[22] 赵盛龙,钟俊生.舟山海域鱼类原色图谱[M].杭州:浙江科学技术出版社,2006.

[23] 舟山市地方志编纂委员会.舟山市志[M].杭州:浙江人民出版社,1992.

[24] 舟山市地方志编纂委员会.舟山市志(1989—2005)[M].北京:商务印书馆,2016.

[25] 徐质斌,牛福增.海洋经济学教程[M].北京:经济科学出版社,2003.

[26] 曹忠祥,任东明,等.区域海洋经济发展的结构性演进特征分析[J].人文地理,2005(6):29—33.

[27] 亓松松.广东省海洋生物产业发展对策研究[D].湛江:广东海洋大学,2015.

[28] 徐喆.浙江海洋经济发展示范区教育培训产业研究[J].教育评论,2012(04):96—98.

[29] 朱丽萍. 海洋经济核心示范区人才发展对策研究[J]. 科技与管理, 2014(04):42—45.

[30] 关健. 浙江省海洋经济发展特征及特色海洋经济区构建研究[D]. 宁波:宁波大学,2012.

[31] 张海翠. 宁波市海洋产业发展评价及优化研究[D]. 宁波:宁波大学,2012.

[32] 唐寻. 浙江省海洋生物产业发展现状分析[J]. 产业与科技论坛,2014(10):38—39.

[33] 王志文,谢寿华. 浙江省海洋经济发展现状分析[J]. 海洋经济,2014(3):29—37.

[34] 民盟宁波市委会. 加快我市海洋生物产业发展[N]. 宁波日报,2012-11-14(A08).

[35] 童兰,胡求光. 海洋产业的评估分析及其发展路径研究——以宁波为例[J]. 农业经济问题,2013(1):92—98.

[36] 段鹏琳. 舟山群岛新区海洋生物医药产业发展研究[D]. 舟山:浙江海洋学院,2013.

[37] 唐寻. 浙江海洋生物产业竞争力影响因素分析[J]. 现代经济信息,2014(9):483—484.

[38] 董楠楠. 浙江海洋生物产业大有可为[N]. 中国海洋报,2011-04-12(004).

[39] 赵婧. 海洋生物产业的发展之困[N]. 中国海洋报,2014-04-01(003).

[40] 仲雯雯. 我国战略性海洋新兴产业发展政策研究[D]. 青岛:中国海洋大学,2011.

[41] 陆根尧. 深入推进浙江海洋产业创新发展[J]. 浙江经济,2017(4):40—41.

[42] 王海英,栾维新. 海陆相关分析及其对优化海洋产业结构的启示[J]. 海洋开发与管理,2002(6):98—112.

[43] 韩增林,等. 中国海洋产业发展的地区差距变动及空间集聚分析[J]. 地理研究,2003(3):89—93.

[44] 高建丽. 山东半岛区域经济一体化优势元素整合战略[J]. 内蒙古科技与经济,2007(6):75—79.

[45] 周江,曹瑛. 区域经济理论在海洋区域经济中的应用[J]. 理论与改革,2001(6):112—115.

[46] 容景春,韩卿元.海岸带区域层次的划分与区域核心竞争力分析[J].学术研究,2003(7):74—79.

[47] 于永海.区域海洋产业合理布局的问题及对策[J].国土与自然资源研究,2004(1):63—67.

[48] 刘洪滨,刘康,焦桂英.建设青岛国家海洋高技术产业基地的战略研究[M].北京:海洋出版社,2009.

[49] 周洪军,何广顺.我国海洋产业结构分析及产业优化对策[J].海洋通报,2005(4):46—51.

[50] 于海楠,于谨凯,等.基于"三轴图"法的中国海洋产业结构演进分析[J].云南财经大学学报,2009(8):71—76.

[51] 武京军,刘晓雯.中国海洋产业结构分析及分区优化[J].中国人口·资源与环境,2010(3):21—25.

[52] 宁凌.中国海洋产业结构演变趋势及升级对策研究[J].经济问题探索,2013(7):67—75.

[53] 马仁锋,李加林.中国海洋产业的结构与布局研究展望[J].地理研究,2013(5):902—914.

[54] 李楠.美国政府在发展战略性新兴产业中的作用[J].江苏商论,2012(7):274—275.

[55] 马丽卿,胡卫伟.产业转型期的长三角区域海洋旅游特色产品链构建[J].人文地理,2009(2):125—128.

[56] 常玉苗.我国海洋产业集群发展测度及创新发展研究[J].中国渔业经济,2013(4):100—105.

[57] 于谨凯,等.基于"点—轴"理论的我国海洋产业布局研究[J].产业经济研究,2009(3):55—62.

[58] 吴以桥.我国海洋产业布局现状及对策研究[J].科技与经济,2011(2):56—60.

[59] 宋瑞敏,杨化青.广西海洋产业发展中的金融支持研究[J].广西社会科学,2011(09):28—32.

[60] 张莉.海洋经济概念界定:一个综述[J].中国海洋大学学报,2008(2):23—26.

[61] 贾瑞稳.山东省海洋生物产业可持续发展[D].青岛:中国海洋大学,2013.

[62] 方芳.广东省海洋产业结构优化中的政策研究[D].湛江:广东海洋大

学,2010.

[63] 向晓梅.我国战略性海洋新兴产业发展模式及创新路径[J].广东社会科学,2011(5):35—40.

[64] 吴健鹏.广东省海洋产业发展的结构分析与策略探讨[D].广州:暨南大学,2008.

[65] 王双,刘鸣.韩国海洋产业的发展及其对中国的启示[J].东北亚论坛,2011(6):1—2.

[66] 卢效东.日本21世纪的海洋政策[J].海洋信息,2002(2):5—10.

[67] 尹军祥,李瑞国.韩国生物产业发展现状和趋势分析[J].中国生物工程杂志,2010(8):136—140.

[68] 孙晓华.技术创新与产业演化:理论及实证[M].北京:中国人民大学出版社,2012.

[69] 郑锦荣,平瑛.江苏省大丰市海洋生物产业发展思路探析[J].海洋开发与管理,2010(12)70—75.

[70] 刘堃.中国战略性海洋新兴产业培育机制研究[D].青岛:中国海洋大学,2013.

[71] 李怀宇,王洪礼.基于DEA的天津市海洋生态经济可持续发展评价[J].海洋技术,2007(3).

[72] 贺常瑛.烟台开发区蓝色经济区建设研究[D].青岛:中国海洋大学,2012.

[73] 谢章澍,朱斌.高技术产业竞争力评价指标体系的构建[J].科研管理,2001(2):1—6.

[74] 任小波,等.海洋生物质能研究进展及其发展战略思考[J].地球科学进展,2009(4):403—410.

[75] 郭刚.强化政府在发展医药产业中的责任研究[D].长春:吉林大学,2010.

[76] 谭中明.论战略性新兴产业发展的金融支持对策[J].企业经济,2012(2):172—175.

[77] 霍景东.对政府支持产业发展的反思及政策建议[J].中国经贸导刊,2011(4):28—30.

[78] 程兆麟.广东省海洋渔业资源可持续利用的现状及制度安排[J].价值工程,2013(20):180—190.

[79] 从俊杰,等.天津市海洋生物医药产业发展现状及对策建议[J].天津经

济,2013(2):21—23.

[80] 顾劲松,等.借鉴欧洲模式加快辽宁海洋生物医药研究与开发[J].中国科技论坛,2008(2):63—66.

[81] 谢文.充分利用自身优势发展海洋生物产业[N].北海日报,2017-05-24(007).

[82] 温洋.发展海藻生物能源产业创造新的海洋经济增长点[J].中国经贸导刊,2015(9):53—54.

[83] 侯小涛,钟文干,郝二伟,等.广西海洋生物制药产业发展对策[J].广西科学院学报,2016,(4):267—274.

[84] 邓玉勇,宋萍.黄岛海洋生物产业集聚区发展战略研究[J].海洋开发与管理,2015,(4):98—102.

[85] 孟菲.基于全球价值链的中国海洋生物医药产业发展研究[D].青岛:中国海洋大学,2015.

[86] 焦艳玲,刘长秋.加强我国海洋生物技术产业立法之思考[J].河南商业高等专科学校学报,2015(2):64—70.

[87] 黄盛,周俊禹.我国海洋生物医药产业集聚发展的对策研究[J].经济纵横,2015(7):44—47.

[88] 付秀梅,汪帆,项尧尧,等.中国海洋生物产业园区发展模式研究[J].海洋经济,2013,3(5):20—24.

[89] 白福臣,林凤梅.湛江海洋生物医药产业发展研究[J].中国渔业经济,2015(4):51—58.

[90] 顾杨洋.浙江海洋经济核心区体育旅游目的地系统空间特征研究[D].宁波:宁波大学,2014.

[91] 王志文,茅克勤,段鹏琳.浙江省海洋生物医药产业发展对策研究[J].海洋开发与管理,2015(8):73—75.

[92] 马歇尔.经济学原理(上卷)[M].陈良璧译.北京:商务印书馆,2005.

索　引

后　记

　　浙江是海洋经济大省,发展海洋生物产业的自然条件优越,产业基础较好,但跟山东、福建等省相比还存在一定差距。本人多年来一直关注海洋经济的发展,2015年从浙江海洋大学调入宁波工程学院,受象山县发改局和宁波市人民政府政策研究室的委托,从2015年9月至2016年12月,相继完成了"象山县海洋生物产业发展思路"和"宁波市海洋生物产业发展对策研究"两个关于海洋生物产业的课题,并顺利通过评审。本书是在两个课题的基础上经修改完善而成。在课题研究过程中,得到了浙江省海洋水产研究所、宁波海洋开发研究院、宁波市海洋与渔业局、象山县发改委、宁波工程学院象山研究院、象山县水产协会、象山县海洋渔业局等单位的大力协助,在此表示衷心感谢!

　　海洋生物产业是"大产业",严格来说,是一个产业群,涉及海洋药物、海洋功能食品和化妆品、海洋生物新材料、海洋生物酶等技术附加值比较高的产业。从广义角度看,它还包括水产种苗培育、海水增养殖业、远洋捕捞业及与其相关的生命健康等产业。由于涉及面广,对海洋生物的研究和数据收集颇为不易。书稿的写作过程十分辛苦,但同时也得到了领导、同事、朋友及家人的帮助和支持。值此书稿付梓之际,特向他们致以诚挚的谢意!衷心感谢浙江海洋与水产研究所所长丁国芳教授,他从专业的角度为我的研究提出了中肯的意见和建议,感谢宁波大学海洋文化研究中心的李加林教授、宁波大学海洋学院的何山副教授、浙江高校产学研联盟象山中心的邵立主任等给予的宝贵建议!感谢浙江海洋大学的俞存根教授、楼宝教授、崔松岩老师给予的无私帮助!感谢浙江海洋大学的阳立军老师对研究思路和研究内容提出的建议！感谢宁波工程学院经济与管理学院朱占峰院长、唐新贵副院长给予的大力支持！感谢我的同事荆卉婷老师的协助,感谢我的学生黄卓俊、高铭婧、杨圣静帮助我调研和收集资料！感谢浙江大学出版社编辑所付出的辛勤劳动！本书参考了大量的国内外学者的研究成果,在此一并表示感谢！

姚丽娜

2017 年 10 月 16 日于宁波工程学院